Guy G. Stroumsa
Kanon und Kultur

1749 Walter de Gruyter 250 Berlin · New York 1999

Bene Grüße
Irei Chu.

Hans-Lietzmann-Vorlesungen

Herausgegeben von
Christoph Markschies

Heft 4

Walter de Gruyter · Berlin · New York
1999

Guy G. Stroumsa

Kanon und Kultur

Zwei Studien zur Hermeneutik
des antiken Christentums

Walter de Gruyter · Berlin · New York
1999

♾ Gedruckt auf säurefreiem Papier, das die
US-ANSI-Norm über Haltbarkeit erfüllt.

Die Deutsche Bibliothek — *CIP-Einheitsaufnahme*

Ştrûmzā, Gaiʾ G.:
Kanon und Kultur : zwei Studien zur Hermeneutik des antiken
Christentums / Guy G. Stroumsa. — Berlin ; New York : de Gruy-
ter, 1999
 (Hans-Lietzmann-Vorlesungen ; H. 4)
 ISBN 3-11-016435-3

Printed in Germany
Einbandgestaltung: Rainer Engel, Berlin
Für die Umschlaggestaltung wurden Abbildungen eines Mosaiks
aus der Hagia Sophia (Istanbul; 9. Jh.) und des
Codex Vat. Graec. 1209, fol. 65ʳ (Rom; 4. Jh.) verwendet.
Das Mosaik zeigt den Erzengel Gabriel,
die Handschrift den griechischen Bibeltext Exodus 14,26 f.
Datenkonvertierung und Satz: Ready made, Berlin
Druck und buchbinderische Verarbeitung: Werner Hildebrand, Berlin

Inhaltsverzeichnis

Vorwort

Der vorliegende Band der „Hans-Lietzmann-Vorlesungen" dokumentiert die vierte Jenaer „Hans-Lietzmann-Vorlesung", die am 19. November 1998 von Guy Stroumsa, dem Inhaber des Martin-Buber-Lehrstuhls für vergleichende Religionswissenschaft an der Hebräischen Universität in Jerusalem, gehalten wurde. Dankenswerterweise hat der Referent einen weiteren Text unter dem Titel „Mystische Jerusaleme" für die Publikation zur Verfügung gestellt, der den Jenaer Vortrag ergänzt und seine Thematik vertieft. Beide Aufsätze werden unter dem Titel „Kanon und Kultur" vereinigt.

Daß hier die vierte Folge der „Hans-Lietzmann-Vorlesungen" vorgelegt werden kann, scheint mir nicht sehr verwunderlich: ... ἐν τῇ μέχρι τῆς τετράδος φυσικῇ ἐπαυξήσει πάντα συντελούμενα φαίνεται τὰ ἐν τῷ κόσμῳ ...[1], alles im Universum – und so auch die „Hans-Lietzmann-Vorlesungen" – tendiert durch den natürlichen Fortschritt dazu, zur Vierheit vervollkommnet zu werden. Alles tendiert zur Vierheit – jedenfalls nach Ansicht eines spätantiken Neuplatonikers in einem später Iamblich zugeschriebenen Traktat über die Theologie der Arithmetik. In jenem Text wird freilich noch sehr viel ausführlicher die mystische, mathematische und kosmologische Bedeutung der Zahl „Vier" expliziert, die ganz im neupythagoreischen Sinne auf vier ἀρχαὶ τοῦ κόσμου[2] verweist: θεὸς ἄρα καὶ ὕλη καὶ εἶδος καὶ ἀποτέλεσμα[3], aber natürlich auch: Feuer, Luft, Wasser und Erde; Nord, Süd,

---

[1] Iamblich, theol. arith. 17 (BiTeu 20, 2f. De Falco).
[2] Iamblich, theol. arith. 19 (BiTeu 23, 16f. De Falco).
[3] Iamblich, theol. arith. 19 (BiTeu 23, 18f. De Falco).

VIII

Christoph Markschies

Ost und West; Frühling, Sommer, Herbst und Winter; Kopf, Rumpf, Arme und Beine und eben Burkert, Brandenburg, Chadwick und Stroumsa.

Neben dieser numerischen Beziehung auf die vierte „Hans-Lietzmann-Vorlesung" eignen sich die Gedanken des Pseudo-Iamblich über die τετράς, über die Vierzahl, aber noch aus einem zweiten Grund für ein Vorwort: Sie erinnern an eines der Hauptarbeitsgebiete des Referenten. Wer je einmal das große Referat über das System der valentinianischen Gnosis gelesen hat, mit dem Irenaeus seine „Widerlegung der fälschlich so genannten Gnosis" eröffnet, der wird sich wahrscheinlich an den redaktionellen Satz erinnern, mit dem der Bischof von Lyon seinen Bericht über die Emanation der ersten vier Äonen abschließt: Καὶ εἶναι ταύτην πρώτην καὶ ἀρχέγονον Πυθαγορικὴν Τετρακτύν, ἣν καὶ ῥίζαν τῶν πάντων καλοῦσιν·; „Und diese Äonengruppe ist die ursprüngliche und uranfängliche phythagoreische Vierheit, die sie auch Wurzel aller Dinge nennen"[4]. Der Aufhellung solcher gnostischer Mythologumena ist die erste größere Arbeit von Guy Stroumsa gewidmet, seine 1978 in Harvard eingereichte und 1984 publizierte Dissertation: „Another Seed: Studies in Gnostic Mythology"[5]. Freilich beschäftigt sich diese bei George W. MacRae gefertigte Dissertation vor allem mit derjenigen Form von nichtvalentinianischer Gnosis, die wir uns angewöhnt haben, als Sethianismus zu bezeichnen[6]. Es ist wenig verwunderlich, wenn die Arbeit eines Gelehrten, der ursprünglich aus Frankreich stammt, aber kurz vor Beginn des Studiums nach Israel ausgewandert ist, sich vor allem auf die jüdischen

[4] Iren., haer. I 1,1 (SC 264, 30,90-92 Rousseau/Doutreleau).
[5] G.G. Stroumsa, Another Seed: Studies in Gnostic Mythology, NHS 24, Leiden 1984.
[6] Freilich gilt auch für diese Form von Gnosis nach Ansicht Stroumsas (Another Seed, IX): „The problems related to the origins and development of Gnosticism notoriously belong to the most difficult questions of the history of religions in Europe".

Wurzeln dieses Typs von Gnosis konzentriert. Wenig verwunderlich, aber der Sache höchst angemessen ist es, wenn Stroumsa
zeigen kann, wie stark diese Form der theologischen Rechen-
schaftslegung über christlichen Glauben in Form einer mytholo-
gischen Erzählung von jüdischer Bibelexegese, vor allem in der
apokryphen Literatur, geprägt ist[7].

Seit seiner Dissertation arbeitet Guy Stroumsa trotz gelegent-
licher Verlockungen, die Heilige Stadt zugunsten anderer attrak-
tiver Universitäten zu verlassen, in Jerusalem an der Hebräischen
Universität, zunächst als lecturer und senior lecturer und seit
Beginn der neunziger Jahre als Ordinarius auf dem „Martin-
Buber-Lehrstuhl für vergleichende Religionswissenschaft", den
die Deutsche Forschungsgemeinschaft gestiftet und den vor
Stroumsa Zwi Werblowsky bekleidet hat. Es ist wohl kaum
übertrieben zu sagen, daß Stroumsa gemeinsam mit anderen
dafür verantwortlich ist, daß es heute eine sehr spezifische Form
von israelischen Christentums-Studien, von Studien zur Geschichte des antiken Christentums aus Israel gibt, auch wieder eine
„Jerusalemer Schule" von Bedeutung wie auf manchen anderen
Gebieten – nach der fürchterlichen Geschichte deutsch-jüdischer
Beziehungen in diesem Jahrhundert ist allein die Tatsache Grund
zur Freude, so interessant die Ergebnisse der Erforschung des
antiken Christentums aus Israel im einzelnen auch sind.

Selbst wenn es jetzt gewiß spannend wäre, auf das allgemeine
Thema „Religionswissenschaft in Jerusalem" und Martin Bubers
organisatorische wie wissenschaftliche Beiträge dazu einzuge-
hen – Stroumsa hat darüber einen lesenswerten Aufsatz geschrieben[8] –, will ich mich darauf beschränken, den Autor und seine
Beiträge zu einer israelischen Wissenschaft des antiken Christentums wenigstens kurz vorzustellen. Sie sind vor allem in zwei
Aufsatzbänden gesammelt, ein dritter ist unter dem Titel „Barba-

---

[7] G.G. Stroumsa, Another Seed, 34.

[8] G.G. Stroumsa, Buber as an Historian of Religion: Presence, not
Gnosis, ASSR 101, 1998, 87-105.

rian Philosophy. The Religious Revolution of Early Christianity" gerade in Tübingen erschienen[9]. In allen seinen Studien arbeitet Stroumsa nicht nur als reiner Ideengeschichtler – Theologie- geschichte kann so entwickelt werden und ist ja auch oft genug so entwickelt worden –; vielmehr bettet er einschlägige Sachver- halte in ihre kultur- und sozialgeschichtlichen Zusammenhänge ein[10], wie ein kurzer Gang durch einige ausgewählte Veröffent- lichungen zeigen kann:

Ein erster, französischer Aufsatzband (sozusagen ein Gruß an Stroumsas Heimatland und seine Muttersprache) steht unter dem knappen Titel „Savoir et salut"[11] und stellt eine Reihe von Aufsätzen zum Themenfeld des antiken Judentums, der Gnosis, des Manichäismus und der antignostischen Reaktion der Mehr- heitskirche zusammen, die zum Teil vorher auch in deutscher Sprache erschienen sind[12]. Der Titel des Buches „Savoir et salut" signalisiert, daß religiöses Wissen in der Antike zunehmend auch unter eschatologischem Aspekt bedeutsam ist: Wissen rettet wis- sende Menschen[13]. Es verwundert zunächst einmal wenig, wenn Stroumsa dabei wieder besonderes Gewicht auf die jüdischen

---

[9]   G.G. Stroumsa, Barbarian philosophy. The Religious Revolution of Early Christianity, WUNT 112, Tübingen 1999.

[10] G.G. Stroumsa, Savoir et salut: Gnoses de l'antiquité tardive, in: ders., Savoir et salut, Patrimoines, Paris 1992, (9-13) 9.

[11] G.G. Stroumsa, Savoir et salut, Patrimoines, Paris 1992.

[12] G.G. Stroumsa, Mythos und Erinnerung: Jüdische Dimensionen der gnostischen Revolte gegen die Zeit, Judaica 44, 1988, 15-30 = ders., Mythe et mémoire. Dimensions juives de la révolte gnostique contre le temps, in: ders., Savoir et salut, 85-98; ders., Gnosis und die christliche „Entzauberung der Welt", in: W. Schluchter (Hg.), Max Webers Sicht des antiken Christentums. Interpretation und Kritik, Frankfurt 1985, 486-508 = ders., La Gnose et le désenchantement chrétien du monde, in: ders., Savoir et salut, 163-181; König und Schwein: Zur Struktur des manichäischen Dualismus, in: J. Taubes (Hg.), Gnosis und Politik, Paderborn 1984, 141-153 = ders., Le roi et le porc: de la structure du dualisme Manichéen, in: ders., Savoir et salut, 243-258.

[13] G.G. Stroumsa, Savoir et salut: Gnoses de l'antiquité tardive, in: ders., Savoir et salut, (9-13) 9.

Traditionen des Christentums legt, die unter der gegen das Judentum gerichteten Selbstdefinition der antiken christlichen
Theologie oft genug erst freigelegt werden müssen, wenn er die
jüdischen Wurzeln gnostischer Systembildungen sorgsam her-
auspräpariert. Dabei sind gewöhnlich gern übersehene Quellen
selbstverständlich berücksichtigt; die von Peter Schäfer so beein-
druckend edierten und übersetzten Hekhalot-Texte werden ebenso herangezogen wie das Shi'ur Qomah[14]. Besonders bemerkens-
wert erscheint mir an jenen gesammelten Beiträgen, daß aufgrund
dieser besonderen Optik Gnosis wie Manichäismus nicht als
isolierte Phänomene, sondern als Teil einer Christentumsge-
schichte gesehen werden, ohne daß deswegen gleich die Sicht der
antiken Häresiologen repristiniert wird, wie gelegentlich schon
geargwöhnt worden ist. Gnosis ist einerseits ein Teil der Christen-
tumsgeschichte, aber andererseits stellt sie auch einen Schritt
weg vom genuin christlichen Weg dar: An der Gnosis wird eine
latente christliche Tendenz zum Dualismus deutlich, weswegen
Stroumsa von der „tentation gnostique", von der gnostischen
Versuchung, spricht[15]. Vor kurzem ist schließlich noch eine be-
merkenswerte Untersuchung zum Verhältnis von Antinomismus
und Gerechtigkeit bei den Gnostikern erschienen, die ein weiteres Mal demonstriert, wie stark einzelne gnostische Denker die
jüdischen und christlichen Traditionen umgeformt haben, die sie
für ihre Theologie verwendeten[16].

---

[14] G.G. Stroumsa, Le couple de l'ange et de l'esprit: traditions juives et
chrétiennes, zuerst in: RB 88, 1981, 42-61 = ders., Savoir et salut,
(1-41) 24-26; ders., Form(s) of God: Some Notes on Metatron and
Christ, HThR 76, 1983, 269-288 = ders., Forme(s) de Dieu: Métatron
et le Christ, in: ders., Savoir et salut, 65-84.

[15] G.G. Stroumsa, Savoir et salut: Gnoses de l'antiquité tardive, in:
ders., Savoir et salut, (9-13) 11.

[16] G.G. Stroumsa, Gnostische Gerechtigkeit und Antinomismus: Epipha-
nes' „Über die Gerechtigkeit" im Kontext, in: J. Assmann/B. Janowski/
M. Welker (Hgg.), Gerechtigkeit. Richten und Retten in der abend-
ländischen Tradition und ihren altorientalischen Ursprüngen, München 1998, 149-161.

Diese Studien zu einer bestimmten Theologie der Antike hat
Guy Stroumsa in den folgenden Jahren ausgeweitet auf die all-
gemeinere Fragestellung nach esoterischen Traditionen im kaiser-
zeitlichen Judentum und Christentum; eine zweite, 1996 erschie-
nene Publikation von zehn Aufsätzen aus den Jahren 1986 bis
1996 in englischer Sprache trägt den Titel „Hidden Wisdom"[17],
der im deutschen Sprachraum vielleicht nicht sofort als Anspie-
lung auf die paulinische Formulierung ἀλλὰ λαλοῦμεν θεοῦ σοφίαν
ἐν μυστηρίῳ τὴν ἀποκεκρυμμένην (1Kor 2,7) verstanden wird,
„but we impart a secret and hidden wisdom of God", „eine
Weisheit, die im Geheimnis verborgen ist", wie Luther übersetzt.
„Hidden Wisdom" oder „Esotericism" definiert Stroumsa als
„the practice of keeping religious or philosophical doctrine within
a small group of initiates and out of reach from others"[18]. In der
neuzeitlichen Erforschung des antiken Christentums hat man
diese esoterischen Traditionen entweder ignoriert, weil sie der
Vorstellung einer schlichten, an alle Menschen adressierten Botschaft des Evangeliums erkennbar widersprachen, oder aber ein-
seitig von den griechischen Mysterienkulten abgeleitet, die man
dazu noch historisch wenig zutreffend einordnete. Stroumsa
versucht dagegen in seinem erwähnten Buch „Hidden Wisdom",
die in der neuzeitlichen Forschung in ihrer Bedeutung nicht
zutreffend wahrgenommenen esoterischen Lehren des antiken
Christentums zu analysieren. Er zeigt, daß es solche esoterischen
Lehren bereits von Anfang an gab, sie vor dem Hintergrund des
zeitgenössischen Judentums begriffen werden müssen und gnostische Gruppen sie nur weiterentwickelt, aber keineswegs erst
aufgebracht haben. Im Zuge der Formierung einer antignostischen Theologie der Mehrheitskirche sei das durch die Gnostiker
beschädigte Konzept einer esoterischen Lehre heruntergespielt,
verwischt und verleugnet worden, schließlich sogar partiell ver-

---

[17] G.G. Stroumsa, Hidden Wisdom. Esoteric Traditions and the Roots
      of Christian Mysticism, SHR 70, Leiden u.a. 1996.
[18] G.G. Stroumsa, Introduction, in: ders., Hidden Wisdom, 1.

schwunden. Das Vokabular dieser verschwundenen esoterischen Traditionen habe aber als Baumaterial der östlichen wie westlichen mystischen Theologie gedient, wobei Stroumsa mit dieser Terminologie durchaus auch schon Clemens und Origenes in den Blick nimmt[19]. Wenn Augustinus schließlich von der verborgenen Tiefe des Herzens und der Seele spreche, bleibe durch diese neue Verinnerlichung zugleich kein Raum mehr für die klassischen alten esoterischen Lehren des Christentums, in seinen eigenen Worten: „The disappearance of esoterism in late antiquity permitted the birth of Christian mysticism and a ‚demoticiziation' of religion without any trivialization"[20]. Ich breche meinen Durchgang durch das œuvre an dieser Stelle ab, obwohl noch eine ganze Reihe von Beiträgen eine Erwähnung verdient hätten, vor allem die diversen Untersuchungen von Gruppen, die die antiken christlichen Häresiologen als Häretiker dargestellt haben[21].

Nun sprach Guy Stroumsa im Rahmen einer Reihe, die an Hans Lietzmann erinnert. Und weil man vermuten kann, daß das rätselhafte Stichwort „Doppelhelix" im Titel seines Vortrags („Die christliche hermeneutische Revolution und ihre Doppelhelix") als Reverenz an den naturwissenschaftlich außerordentlich interessierten Autor des Buches „Anleitung zur Himmelsbeobachtung mit kleinen Fernrohren"[22] gemeint war, möchte ich zum Abschluß dieses Vorworts wenigstens einige Bemerkungen zum Thema „Judentum und jüdische Gelehrte im Werk von Hans

---

[19] G.G. Stroumsa, Introduction, 6; vgl. ders., *Caro Salutis Cardo*: Shaping the Person in Early Christian Thought, HThR 30, 1990, 25-50.

[20] G.G. Stroumsa, Introduction, 9.

[21] Vgl. z.B. G.G. Stroumsa, Jewish and Gnostic Traditions among the Audians, in: A. Kofsky/G.G. Stroumsa (Hgg.), Sharing the Sacred. Religious Contacts and Conflicts in the Holy Land. First – Fifteenth Centuries CE, Jerusalem 1998, 97-108.

[22] H.L., Anleitung zur Himmelsbeobachtung mit kleinen Fernrohren, Jena 1922.

Lietzmann" anfügen – auch deswegen anfügen, weil Hans Lietzmanns Haltung tragischerweise so charakteristisch ist für die vieler seiner Zeitgenossen in Theologie und Altertumswissenschaft.

Es verwundert angesichts einer weit verbreiteten Gleichgültigkeit deutscher Gelehrter gegenüber den wissenschaftlichen Ergebnissen der jüdischen Lehranstalten im eigenen Lande nicht, wenn ein jüdischer Wissenschaftler aus England einen Brief an Lietzmann aus dem Jahre 1933 mit folgender Frage eröffnet: „I do not know if you can read English" und fortsetzt „or ever read books by Jewish scholars; least of all would you perhaps read a book by an English Jew!"[23] Wenn ich recht sehe, hat Lietzmann tatsächlich weder mit seinen Kollegen an der Berliner „Hochschule für die Wissenschaft des Judentums" noch mit den Kollegen an der Breslauer Einrichtung persönliche oder briefliche Kontakte gepflegt. Aber dieses damals, wie gesagt, weit verbreitete Desinteresse an Kontakten mit jüdischen Gelehrten hat – man muß schon sagen: glücklicherweise – kaum einschneidende Folgen für seine eigene Forschung gehabt: Lietzmanns „Kleine Texte für Vorlesungen und Übungen" schließen selbstverständlich Texte aus Talmud und Midrasch ein[24], seine liturgiegeschichtlichen Arbeiten räumen den synagogalen Gottesdiensten und häuslichen Andachtsformen des antiken Judentums aufgrund ihrer Bedeutung für die frühe Kirche breiten Raum ein.

---

[23] Brief Nr. 821 Claude Montefiore an H. L., 7.3. 1933, zitiert bei K. Aland (Hg.), Glanz und Niedergang der deutschen Universität. 50 Jahre deutscher Wissenschaftsgeschichte in Briefen an und von Hans Lietzmann (1892-1942), Berlin/New York 1979, 730f.

[24] Altjüdische liturgische Gebete, hg. v. W. Staerk, KlT 58, Berlin ²1930; Der Mišnatraktat Berakhoth in vokalisiertem Text mit sprachlichen u. sachlichen Bemerkungen hg. v. W. Staerk, KlT 59, Bonn 1910; Rabbinische Wundergeschichten des neutestamentlichen Zeitalters in vokalisiertem Text mit Anmerkungen v. P. Fiebig, KlT 78, Bonn 1911 sowie Der Tosephtatraktat Roš Haššana in vokalisiertem Text mit sprachlicher Textkritik u. sachlichen Bemerkungen hg. v. P. Fiebig, KlT 130, Bonn 1914.

So behandelt er beispielsweise in „Messe und Herrenmahl"[25]
den „Sabbathkiddusch" und den häuslichen Segensbecher nicht
nur aufgrund von Arbeiten Ismar Elbogens, sondern zitiert,
übersetzt und bespricht auch einschlägige Stellen aus der rabbinischen Literatur. Ein Aufsatz Robert Eislers bringt ihn 1926
„fast unvermutet zu sorgfältigem Eindringen in die Probleme
jüdischer Liturgie"[26]. Über die jüdische Katakombe unter der
Villa Torlonia in Rom hat Lietzmann ebenfalls mehrfach geschrieben und ausführlich gearbeitet[27]. Man kann ihm daher
glauben, wenn er auf die eben zitierte Frage des englischen
Gelehrten postwendend antwortet: „Ich habe selbst seit Jahr-
zehnten ziemlich viel jüdische Literatur gelesen und glaube zu
wissen, wie die Rabbinen des Talmud und Midrasch denken"[28].
Und so blieb er nach 1933 davor bewahrt, die Erforschung des
Neuen Testamentes und der antiken Christenheit an den schein-
bar neuen Paradigmen der neuen Machthaber auszurichten, obwohl ihm zumindest in den ersten Jahren des Regimes offenbar
nicht recht deutlich war, auf welch gefährlichen wissenschaftlichen Pfaden er mit vielen seiner neutestamentlichen Kollegen
wandelte. Dies dokumentiert ein bislang unveröffentlichter Brief
vom Herbst 1933, in dem Lietzmann seinem Assistenten Hans

---

[25] H.L., Messe und Herrenmahl. Eine Studie zur Geschichte der Liturgie, AKG 8, Bonn 1926, 202-210.

[26] H.L., Jüdische Passahsitten und der ἀφικόμενος. Kritische Randnoten
zu R. Eislers Aufsatz über „Das letzte Abendmahl", ZNW 24, 1925,
(161-192) 161f. = ders. Kleine Schriften Bd. III Studien zum Neuen
Testament, hg. v. K. Aland, TU 68, Berlin 1958, (299-303) 299f.; zu
den Details der Affäre um den Aufsatz Eislers vgl. K. Aland, Einlei-
tung, in: ders. (Hg.), Glanz und Niedergang der deutschen Universität, 114f.

[27] H.L., Die jüdische Katakombe in der Villa Torlonia, DLZ 3, 1926,
1931-1934; (zusammen mit H.W. Beyer), Jüdische Denkmäler Bd. I.
Die jüdische Katakombe der Villa Torlonia in Rom, Studien zur
spätantiken Kunstgeschichte 4, Berlin/Leipzig 1930.

[28] Brief Nr. 821 an Claude Montefiore, 20.3. 1933, zitiert bei K. Aland
(Hg.), Glanz und Niedergang der deutschen Universität, 732.

Georg Opitz (1905-1941) über ein an ihn gerichtetes Schreiben eines Unbekannten berichtet, der von ihm offensichtlich Nachweise dafür erbeten hatte, daß Jesus Arier und kein Jude war – mein Erlanger Kollege Brennecke hat mir dankenswerterweise diesen Text zugänglich gemacht. Lietzmann schrieb unter Datum vom 30. Oktober 1933[29]:

> „Lieber Herr Opitz!
> Beiliegenden Brief finde ich zu meinem Entsetzen auf meinem Schreibtisch. Ich hab den *(sic!)* Mann immer noch nicht geantwortet, habe auch keine Lust mich um diesen dummen Kram zu kümmern. Aber da die Sache aktuell ist, und Euch junge Leute angeht, so bitte ich Sie, suchen Sie doch mal etwas Literatur, wo nachgewiesen ist, daß Jesus ein Arier ist. So'n bißchen in diese Richtung neigt eine kleine Studie von Vater Seeberg in der Festschrift für Bonwetsch[30]. Also geben Sie mir ein paar Titel oder bibliographische Angaben (das genaue Zitat des Seeberg Aufsatzes kenne ich auch nicht) und schikken Sie mir den Brief damit zurück, dann kann ich antworten. Viel Zeit sollen Sie natürlich nicht drauf verwenden.
> Mit herzlichem Gruß
> Ihr
>
> Hans Lietzmann"

---

[29] Gedruckter Briefkopf: „Prof.D. Hans Lietzmann, Berlin-Wilmersdorf 1, Berliner Str. 65, Tel. H 6 Emser Platz 3771, Postscheckkonto: Berlin 54013"; Brief mit Schreibmaschine auf DIN A4 Querformat, ohne Inventarnummer im Nachlaß von H.-G. Opitz (Archiv der Berlin-Brandenburgischen Akademie der Wissenschaften), derzeit in der Erlanger Athanasius-Arbeitsstelle bei Prof.Dr. H.Ch. Brennecke.

[30] Gemeint ist: R. Seeberg, Die Herkunft der Mutter Jesu, in: Theologische Festschrift für G. Nathanael Bonwetsch zu seinem siebzigsten Geburtstage (17. Februar 1918) dargeboten von H. Achelis (…), Leipzig 1918, 13-24. – Seeberg versuchte in dem Aufsatz zu zeigen, daß Maria eine galiläische Nichtjüdin war – „Die Mutter Jesu war keine Jüdin oder wenigstens keine Jüdin reinen Blutes" (S. 17). Er behauptet dies, obwohl er annimmt, daß Marias nichtjüdischer Vater eine Levitin heiratete, die ihr Kind im jüdischen Glauben unterwies (S. 22). Es bedarf eigentlich keines Kommentars, daß diese „Argumentation" offensichtlich ohne jede Diskussion neuzeitliche biologistische Kriterien für die Definition der Zugehörigkeit zum „Judentum" zugrundelegt.

Man kann diesen Brief Lietzmanns aus dem Jahr 1933 kaum
anders verstehen, als daß der Autor – mit seinem zeitweiligen
Kollegen Reinhold Seeberg (1859-1935) – Jesus aufgrund der
angeblich heidnischen Verwandtschaft seiner Mutter nicht für
einen ‚reinen Juden' im Sinne einer damals gern biologisch definierten ‚Volkszugehörigkeit' hielt. Freilich darf man auch nicht
übersehen, daß er der ganzen Frage einer so ‚definierten' Volkszugehörigkeit offenbar keinerlei wissenschaftliche Bedeutung bei-
gemessen hat; die Stichworte ‚dummer Kram' signalisieren, daß
er die unstrittige religiöse Verwurzelung Jesu und seiner Familie
im Judentum für die eigentlich entscheidende Tatsache hielt.
Natürlich wundert man sich als heutiger Leser dieser Briefzeilen
trotzdem darüber, daß Lietzmann in fast naiver Weise derartige
Literatur von zweifelhaftem wissenschaftlichem Wert einem
Laien empfehlen konnte[31]; sein althistorischer Kollege Eduard
Meyer (1855-1930) äußerte sich da wesentlich deutlicher und
kritischer[32]. Auf der anderen Seite warb der Wingolf-Verlag
1934 für die dritte Auflage von Emil Jungs Buch „Die Herkunft
Jesu im Lichte der freien Forschung"[33] mit einem Satz von
Lietzmanns Vorgänger Harnack: „Eine ernste wissenschaftliche

---

[31] Vergleichsweise kritisch gegen die Seeberg-These äußert sich beispielsweise der Leipziger Neutestamentler Alfred Oepke (1881-1955)
in seiner Rezension des Buches „Jesus der Galiläer und das Judentum" von W. Grundmann (Leipzig 1940): „Beweisen läßt sich auf
diesem schwankenden Boden schwerlich etwas" (AELKZ 73, 1940
[326-328] 328).

[32] E. Meyer, Ursprung und Anfänge des Christentums, Bd. 2. Die Entwicklung des Judentums und Jesus von Nazareth, Darmstadt 1962 (=
Stuttgart ²1925), 425 Anm. 1: „Daß ich die mehr als naiven Versuche, nachzuweisen, daß Jesus ein ‚Arier' gewesen sei, einer Erörte-
rung unterziehen solle, wird hoffentlich niemand von mir erwarten".

[33] E. Jung, Die Herkunft Jesu im Lichte der freien Forschung, München
(Reinhardt) 1920; Wien ³1934 (Wingolf-Verlag). – Auf diese Verlags-
werbung machte mich Herr Kollege Gert Jeremias (Tübingen) aufmerksam, dem ich ebenso wie Lietzmanns Schüler Wilhelm Schneemelcher (Bonn) sehr herzlich für die Gespräche zum Thema danke.

Forschung"; Jung aber versuchte nachzuweisen, daß *beide* Elternteile Jesu ‚Arier' waren. Solche Äußerungen zeigen, daß die uns heute absurd und haltlos spekulativ erscheinende These, Jesus habe nichtjüdische Verwandtschaft gehabt, keineswegs allein für die pseudotheologische Argumentation bestimmter deutschchristlicher und nationalsozialistischer Kreise charakteristisch ist – es ist freilich hier nicht der Ort, diese komplizierten Zusammenhänge ausführlicher zu entfalten. Walter Grundmanns bekanntes und berüchtigtes Buch „Jesus der Galiläer und das Judentum" stellt jedenfalls nur die schlimmste Inanspruchnahme einer verbreiteteren „Argumentation" durch einen Neutestamentler dar[34]. Lietzmann hat sich übrigens brieflich recht schroff über die Naivität und mangelnde methodische Schulung dieses Autors geäußert und seine Tendenz, „alles Jüdische von Jesus zu entfernen"[35], und öffentlich immerhin kritisiert, daß „dieser aus dem Geist der Gegenwart geborene" Versuch „einer Erfassung Jesu von einem Gesichtspunkt aus nur durch Gewaltakte" zu erreichen gewesen wäre, „denen angesichts des widerstrebenden Tatbestandes der Quellen die Überzeugungskraft fehlt"[36]. Um die

---

[34] W. Grundmann, Jesus der Galiläer und das Judentum, Veröffentlichungen des Instituts zur Erforschung des jüdischen Einflusses auf das deutsche kirchliche Leben, Leipzig 1940, 166-175.

[35] H.L., Brief Nr. 1184 an Hans von Soden, 16.6. 1941, zitiert bei K. Aland (Hg.), Glanz und Niedergang der deutschen Universität, 1024. Auf ein weiteres kritisches Urteil kann man aus einem Brief von Opitz an Lietzmann vom 15.1. 1940 schließen (Nr. 1131, aaO. 985): „Sie sagten einmal im Hinblick auf Gr[undmann]: das komme davon, wenn man Schüler von [J.] Leipoldt sei".

[36] H.L., Notizen, ZNW 37, 1938 [= 1939], (288-318). Lietzmann bezieht sich auf Grundmanns Buch „Die Gotteskindschaft in der Geschichte Jesu und ihre religionsgeschichtlichen Voraussetzungen" (Studien zu deutscher Theologie und Frömmigkeit 1, Weimar 1938). Grundmann seinerseits versucht in „Jesus der Galiläer" ein von Lietzmann angegriffenes Detail seiner Argumentation zu verteidigen (aaO. 209-211. 221), daneben wird Lietzmann in dieser Monographie lediglich noch einmal erwähnt und seine Abhandlung „Der Prozeß Jesu" (SPAW.PH 1931, Berlin 1934, 313-322 = ders., Kleine

aus heutiger Sicht so bedenkliche Position zum Thema „Jesus als Jude", die Hans Lietzmanns Brief an seinen Assistenten Opitz vom Herbst 1933 erkennen läßt, einigermaßen zutreffend in den Kontext damaliger neutestamentlicher Forschung einzuordnen, muß man sich außerdem klarmachen, daß erst 1939 der Alttestamentler und Palästinawissenschaftler Albrecht Alt (1883-1956) in einem Artikel den ganz überwiegend jüdischen Charakter der galiläischen Bevölkerung nachwies, was trotz des etwas entlegenen Veröffentlichungsortes im „Palästinajahrbuch" des „Deutschen Evangelischen Institutes für Altertumswissenschaft des Heiligen Landes" „einiges Aufsehen" in der interessierten Öffentlichkeit erregte[37]. Vorher war man fast selbstverständlich von einer angeblich mehrheitlich ‚arischen' Zusammensetzung der Bewohnerschaft Galiläas ausgegangen, und dies gilt natürlich auch für Neutestamentler, die an der jüdischen Volkszugehörigkeit Jesu nicht zweifelten[38].

Schriften Bd. III, Studien zum Neuen Testament, hg. v. K. Aland, TU 68, Berlin 1958, 251-263) kritisiert (aaO. 159 Anm. 8). Darin hatte Lietzmann die Verurteilung Jesu durch das Synhedrion für unhistorisch erklärt (317 = 257) und also dem Urteilsspruch des Pilatus die Hauptschuld an der Hinrichtung Jesu gegeben (321 = 262f.).

[37] A. Alt, Galiläische Probleme 5. Die Umgestaltung Galiläas durch die Hasmonäer, PJ 35, 1939, 64-82 = ders., Kleine Schriften zur Geschichte des Volkes Israel, Bd. 2, München ⁴1978, 407-423. Die unmittelbare Wirkung von Alts Aufsatz dokumentiert H.v. Soden, Jesus der Galiläer und das Judentum, DtPfrBl 46, 1942, 49-51 = ders., Urchristentum und Geschichte. Gesammelte Aufsätze und Vorträge, hg. v. H.v. Campenhausen, Bd. 1 Grundsätzliches und Neutestamentliches, Tübingen 1951, 150-158; zu Alt vgl. R. Smend, Deutsche Alttestamentler in drei Jahrhunderten, Göttingen 1989, 182-207 (dort S. 184 auch die im Haupttext zitierte Formulierung).

[38] Vgl. nur A. Schweitzer, Geschichte der Leben-Jesu-Forschung, Tübingen ⁵1933, 180-192 (Renan) bzw. 340-344 („der germanische Jesus") und W. Bauer, Jesus der Galiläer, in: Festgabe für Adolf Jülicher zum siebzigsten Geburtstag am 26. Januar 1927, hg. v. R. Bultmann, Tübingen 1927, 16-34 = ders., Aufsätze und kleine Schriften, hg.v. G. Strecker, Tübingen 1967, 91-108.

Bereits diese knappen Bemerkungen zur Interpretation von
wenigen Briefzeilen machen deutlich, daß das Thema „Judentum
und jüdische Gelehrte im Werk von Hans Lietzmann" eigentlich
untrennbar verbunden ist mit der Frage, wie sich dieser Gelehrte
während der Zeit der nationalsozialistischen Terrorherrschaft
verhalten hat. Wenn diese komplizierte Frage aber weder im
Gestus der Anklage verhandelt noch eine schlichte Apologie für
Lietzmann vorgetragen werden soll, ist hier nicht der rechte Ort,
sie umfassend darzustellen, zumal das Thema gerade jüngst sehr
breit traktiert worden ist[39]. Ich möchte an dieser Stelle lediglich
auf *einen Punkt* aufmerksam machen, von dem ich denke, daß
er in bisherigen Darstellungen noch zu wenig berücksichtigt
worden ist und Bedeutung für die Frage nach dem Verhältnis
Lietzmanns zum Judentum hat: Mir scheint Lietzmanns Haltung
nur dann richtig begriffen, wenn man den politischen Typus
eines nationalkonservativen deutschen Beamten und Gelehrten,
zu dem der Berliner Professor zu rechnen ist, angemessen diffe-
renziert beschreibt. Von einer „angemessen differenzierten Beschreibung" würde ich dann reden, wenn sowohl Lietzmanns
anfängliche Sympathie für die „nationale Revolution"[40] als auch

---

[39] W. Kinzig, Evangelische Patristiker und Christliche Archäologen im
      Dritten Reich. Drei Fallstudien: Hans Lietzmann, Hans von Soden,
      Hermann Wolfgang Beyer (erscheint in den Akten der Konferenz
      „Antike und Altertumswissenschaft in der Zeit von Faschismus und
      Nationalsozialismus", Zürich, 13.-17.10. 1998. – Ich danke Herrn
      Kollegen Kinzig (Bonn) sehr herzlich dafür, daß er mir sein Druck-
      manuskript zur Verfügung gestellt hat. Eine ausführliche Darstellung
      der einschlägigen Jahre der Biographie Lietzmanns findet sich auch
      bei K. Aland, Einleitung, in: ders., Glanz und Niedergang der deut-
      schen Universität, 125-155.

[40] Der Schlüsseltext für diese Phase ist der Briefwechsel zwischen Karl
      Müller (1852-1940) und Lietzmann im Mai 1933 (also nach der
      Verabschiedung des sogenannten ‚Ermächtigungsgesetzes' und des
      ‚Gesetzes zur Wiederherstellung des Berufsbeamtentums'); vgl. die
      Briefe Nr. 825 und 829 bei K. Aland (Hg.), Glanz und Niedergang
      der deutschen Universität, 733-735 bzw. 739-741.

seine allmähliche Distanzierung vom Nationalsozialismus gleich-
gewichtig dargestellt[41] und mit vergleichbaren Biographien deutscher Wissenschaftler in Beziehung gesetzt werden. Der Tübinger
Staatsrechtler Wolfgang Graf Vitzthum hat in mehreren Beiträgen über den konservativen Widerstand gegen das sogenannte
„dritte Reich" im Anschluß an Hans Mommsen und Peter Stein-
bach ganz präzise gezeigt, wo für einen „konservativen Legiti-
mismus, der sich politisch primär an Preußen orientierte", „an
der der Monarchie eigenen, personal greifbaren, konkreten Le-
gitimation ‚von Gottes Gnaden' bzw. an den überstaatlichen,
höheren Rechtsgarantien aus der christlichen Universalordnung"[42], der point of no return lag, also die ideologische Wurzel
der allmählichen Distanzierung vom Nationalsozialismus: Der
point of no return lag in der Verletzung dieser Universalordnung,
in der Zerstörung eines von solchen Konservativen hochgehalte-
nen Rechtsstaats- und Menschenrechtsethos, die vor allem in der
Verfolgung von Juden und politisch Andersdenkenden sichtbar
wurde. An diesem Punkt brachen viele Nationalkonservative
und eben auch Lietzmann langsam, aber sicher mit dem ihnen
vertrauten Rechtspositivismus, kündigten die Loyalität, zu der
sie sich als Staatsbeamte verpflichtet sahen, auf und wendeten
sich gegen das Regime. Öffentlich sichtbare Akte dieser Haltung
Lietzmanns waren seine Interventionen für die verfolgten Kollegen Eduard Spranger (1882-1963), Werner Weisbach (1873-

---

[41] Diese Distanzierung wird vor allem dokumentiert durch ein Referat
auf der 907. Sitzung der Berliner Mittwochs-Gesellschaft in Lietzmanns Privatwohnung am 21.2. 1934 (Lietzmanns eigenhändige
Zusammenfassung im Protokollbuch, bei K. Scholder, Die Mittwochs-
Gesellschaft. Protokolle aus dem geistigen Deutschland 1932 bis
1944, Berlin 1982, 85-87).

[42] Vgl. nur W. Graf Vitzthum, Nation, Rechtsstaat, Menschenrecht.
Diskurse, Motive und Zielvorstellungen im „nationalkonservativen"
Widerstand gegen den Nationalsozialismus, in: M. Kessler u.a. (Hgg.),
Neonationalismus, Neokonservatismus. Sondierungen und Analysen,
Tübingen 1997, (177-204) 179.

1953), Eduard Norden (1868-1941) und Paul Friedländer (1882-1968)[43]; für letzteren erwirkte er im Winter 1938 sogar die Freilassung aus dem Gefängnis, nachdem Rudolf Bultmann ihn im November auf die Verhaftung seines Marburger Kollegen aufmerksam gemacht hatte[44].

Gewiß hat Lietzmann „die Position des Gelehrtenpolitikers, der verdeckt (...) in Hinterzimmern und Antechambres operiert" (Wolfram Kinzig), nie aufgegeben; die deutlichsten Zeugnisse über seine Haltung zum Nationalsozialismus stammen entsprechend auch aus vertraulichen Gesprächen in der Mittwochs-Gesellschaft[45]. Aber wir wissen spätestens seit der jüngsten Diskussion über das Verhalten von deutschen Historikern im Nationalsozialismus[46], daß längst nicht alle nationalkonservativ geprägten Gelehrten sich so verhalten haben wie Hans Lietzmann oder – um auf eine wesentlich eindeutigere Haltung zum Nationalsozialismus anzuspielen – Gerhard Ritter (1889-1967). Es war, wie jetzt noch einmal deutlicher geworden ist, vor allem auch eine Frage der Zivilcourage und der Persönlichkeit, ob politisch so vom Kaiserreich geprägte Gelehrte öffentliche Kon-

---

[43] Ich verzichte hier darauf, diese Aktionen zu belegen, und verweise stattdessen auf die sorgfältigen und ausführlichen Nachweise bei Kinzig (wie Anm. 39).

[44] Vgl. Bultmanns Briefe an H.L. vom 16.11. und 27.11. 1938 (zitiert als Nr. 1061 und 1064 bei K. Aland [Hg.], Glanz und Niedergang der deutschen Universität, 930 bzw. 932).

[45] Vgl. dazu W. Weisbach, Geist und Gewalt, hg. v. L. Schudt, Wien/München 1956, 348: Lietzmann „verlor jede Sympathie für diese Staatsführung und konnte sich dann in scharfen, sarkastischen und verächtlichen Bemerkungen nicht genugtun. Er war auch ein Gegner des antisemitischen Vorgehens, was er mir offen ins Gesicht sagte".

[46] Vgl. nur G. Aly, „Daß uns Blut zu Gold werde". Theodor Schieder, Propagandist des Dritten Reiches, Menora 9, 1998, 13-27 und H.-U. Wehler, In den Fußtapfen der kämpfenden Wissenschaft. Braune Erde an den Schuhen: Haben Historiker wie Theodor Schieder sich nach dem Krieg von ihrer Vergangenheit ganz verabschiedet? FAZ vom 4.1. 1999, S. 48.

sequenzen aus der nationalsozialistischen Zerstörung des Rechts-
staats- und Menschenrechtsethos zogen und welche Konsequenzen sie zogen.

Erst wenn auf diese Weise sowohl das, was an Lietzmanns
Verhalten nach 1933 typisch für eine bestimmte Gruppe national-
konservativer Professoren genannt werden muß, als auch das,
was eher eine Folge seiner besonderen Persönlichkeitsmerkmale
darstellt, präziser in den Blick geraten ist, kann man sich künftig
mit den besonderen Problemen dieser Biographie während der
entsprechenden Jahre bis zu Lietzmanns Tod am 25. Juni 1942
beschäftigen. Einige Fragen sind jüngst von Wolfram Kinzig
gestellt worden, ich ergänze sie hier: Warum distanzierte sich
Lietzmann trotz seiner schroffen Äußerungen in der Mittwochs-
Gesellschaft nicht von seinen nationalsozialistisch kontaminier-
ten Schülern Hermann-Wolfgang Beyer (1898-1943) und Hans
Georg Opitz? Welche Rolle spielte für diese aus heutiger Perspektive verwunderliche Verhaltensweise die Tatsache, daß Erich
Seeberg (1888-1945) der Karriere dieser beiden Wissenschaftler
zu schaden versuchte, wo er konnte? Kann man präziser sagen,
welchen Anteil politische Differenzen am Bruch zwischen den
alten Freunden Lietzmann und Hirsch hatten, der so tiefgehend
war, daß Lietzmann 1935 schrieb, es sei „Tatsache, daß wir
beiden nicht mehr übereinstimmen in dem Urteil über das, was
gut und böse – ja was anständig und unanständig ist"[47]? Sind für
Lietzmanns zunehmende Distanz zur Prüfungskommission der
bekennenden Kirche neben seinen liberal-theologischen Positio-
nen[48] auch persönliche Antipathien, beispielsweise gegen die

---

[47] H.L., Brief Nr. 894 an E. Hirsch, 9.1. 1935, zitiert bei K. Aland
(Hg.), Glanz und Niedergang der deutschen Universität, 796.

[48] Zu den theologischen Hintergründen von Lietzmanns „Geschichte
der Alten Kirche", die mit dem Stichwort „liberal-theologisch" al-
lerdings nur sehr unzureichend charakterisiert sind, vgl. jetzt das
Vorwort von Ch. Markschies zum einbändigen Nachdruck in der
Reihe „de Gruyter Studienbuch" (Berlin/New York 1999, [V-XXIII]
XX-XXII).

schwierige Persönlichkeit von Günther Dehn[49], mitverantwort-
lich gewesen?

Unsere Bemerkungen zum Thema „Judentum und jüdische
Gelehrte im Werk von Hans Lietzmann" enden mit Fragen.
Daran soll nochmals deutlich werden, daß hier zu einem wichtigen Thema lediglich einige vorläufige und ergänzende Bemerkungen vorgetragen worden sind. Es kann angesichts der heuti-
gen Ausdifferenzierung der Fachgebiete natürlich auch nur in
Ausnahmefällen die Aufgabe eines Patristikers sein, das Ge-
schäft der Zeithistoriker zu übernehmen und eine abschließende
Darstellung vorzulegen. Aber man darf von einem Patristiker
verlangen, daß er wenigstens versucht, Lehren aus persönlichen,
politischen und fachlichen Problemen eines Vorgängers zu zie-
hen, und sich zu diesem Zweck seiner Biographie vergewissert –
das gilt allzumal dann, wenn der betreffenden Person eine ganze
Vorlesungsreihe gewidmet ist und dabei der methodische Ansatz
ausdrücklich als vorbildlich und zeitgemäß empfohlen wird. Und
es gilt natürlich besonders auch dann, wenn der Autor der
vierten Hans-Lietzmann-Vorlesung einen wichtigen Beitrag zur
Frage des antiken christlichen Antijudaismus vorgelegt hat[50].

Für ihre engagierte und selbständige Mitarbeit bei der Bear-
beitung der Manuskripte möchte ich mich auch in diesem Jahr
bei zwei Mitarbeitern meines Lehrstuhls sehr herzlich bedanken,
bei Dr. Christoph Schubert und Torsten Krannich. Stroumsas
Beiträge wurden freundlicherweise durch Daniel J. Stökl (Jerusalem) übersetzt. Herr Dr. Hasko von Bassi und Frau Dr. Clau-
dia Brauers vom Verlag Walter de Gruyter haben sich im Jubi-

---

[49] Vgl. G. Dehn, Die alte Zeit – die vorigen Jahre. Lebenserinnerungen,
      München 1962, 310f. und K. Aland, Einleitung, in: ders. (Hg.),
      Glanz und Niedergang der deutschen Universität, 141f.
[50] G.G. Stroumsa, From Anti-Judaism to Antisemitism in Early Chris-
      tianity?, in: O. Limor/G.G. Stroumsa (Hgg.), Contra Iudaeos. An-
      cient and Medieval Polemics between Christians and Jews, TSMJ 10,
      Tübingen 1996, 1-26.

läumsjahr des Verlags durch finanzielle und technische Hilfe um
die Vorlesung in Jena und die Publikation in Berlin verdient
gemacht, wofür ihnen erneut sehr herzlicher Dank gebührt.

Wissenschaftskolleg zu Berlin,
im Juli 1999   Christoph Markschies

Die christliche hermeneutische Revolution und ihre Doppelhelix – Frühchristliche Kultur und Kanon zwischen Juden und Heiden

1. Einführung

Für den gesamten Mittelmeerraum und den Nahen Osten bedeutete die Entstehung des römischen Imperiums eine tiefgehende Umformung nicht nur der politischen Umstände, sondern auch der kulturellen und religiösen Landschaft. Zahlreiche religiöse und kulturelle Systeme wurden transformiert. Ich beginne mit dem Naheliegendsten: Das Konzept Heiliger Schriften an sich beruht auf der Vorstellung einer göttlichen Offenbarung und bleibt daher in der hellenistischen Welt praktisch ausschließlich eine jüdische Größe. Über Juden in der hellenistischen Welt ist viel gearbeitet worden. Überraschend wenig hingegen wurde über das Geschick ihrer offenbarten Schriften in einer Kultur gesagt, der das Konzept eines transzendenten Gottes, der sich selbst ein für allemal offenbarte, im wesentlichen fremd blieb[1]. Tatsächlich kannten die Griechen die jüdischen Schriften kaum. Trotz der extremen Unterschiede zwischen den jüdischen Schriften und jedem denkbaren griechischen literarischen Korpus sind

---

[1] Vgl. z.B. N. Belayche, Sem et Japhet, ou la rencontre du monde gréco-romain et des livres sacrés des juifs, Dialogues d'histoire ancienne 23, 1997, 55-75. Sie streicht heraus, wie wenig die Septuaginta in hellenistischen Werken zitiert wurde. Belayche erinnert an Momiglianos Bemerkung, daß das Scheitern der Septuaginta, Interesse bei paganen Intellektuellen zu wecken, parallel zu dem Ende des Mythos vom Juden als Philosophen ist.

zwischen dem Ort der Bibel in der hellenisierten jüdischen Welt und dem Platz Homers in der hellenistischen Kultur einige verblüffende Ähnlichkeiten festgestellt worden. Ein treffendes Beispiel dafür ist der Aristeasbrief[2].

Ebenso wie die Hebräische Bibel durchliefen auch die homerischen Schriften in der hellenistischen Epoche einen Kanonisierungsprozeß. Wie die Bibel wurden auch sie durch die Antike hindurch (und über sie hinaus) Gegenstand von Kommentaren. Für die griechische Kultur waren die Kanonisierung der homerischen Schriften und ihre Interpretation ebenso zentral wie Kanonisierung und Interpretation der Bibel im Judentum und später im Christentum.

1795 veröffentlichte Friedrich August Wolf seine *Prolegomena ad Homerum* über die Kanonisierung der homerischen Schriften. Daß er dabei dieselben Modelle benutzte, die von seinen Zeitgenossen, speziell seinen Göttinger Kollegen, für das Alte Testament entwickelt worden waren, unterstreicht den gleichwertigen Status der beiden Korpora. Obwohl schon Wolf dazu aufrief, hat überraschenderweise bislang niemand eine vergleichende Studie zwischen Masoreten und Alexandrinern durchgeführt[3].

---

[2] Zum Ort Homers in der griechischen Kultur vgl. z.B. F. Buffière, Les mythes d'Homère et la pensée grecque, Paris 1956; und H.I. Marrou, Histoire de l'éducation dans l'antiquité, Paris ⁷1976, Kap. 1 (= ders., Geschichte der Erziehung im klassischen Altertum, übers. v. Ch. Beumann, hg. v. R. Harder, München 1977, 33-50). Zur Kanonisierung der homerischen Epen vgl. G. Nagy, Poetry as Performance. Homer and Beyond, Cambridge 1996, Kap. 7; vgl. auch F. Kermode, The Canon, in: F. Kermode/R. Alter (edd.), The Literary Guide to the Bible, Cambridge, Mass. 1987, 600-610, sowie M. Greenberg, The Stabilization of the Text of the Hebrew Bible, JAOS 76, 1956 (= S.Z. Leiman [ed.], Canon and Masorah of the Hebrew Bible. An Introductory Reader, New York 1974, 317f. 325f.).

[3] Dieser Klassiker der Wissenschaft ist nun auch ins Englische übersetzt: Prolegomena to Homer, translated with Introduction and Notes by A. Grafton, G.W. Most and J. Zetzel, Princeton 1985.

Aufgrund derartiger Ähnlichkeiten zwischen Homer und der Bibel sollten wir die traditionelle Definition von Heiligen Schriften neu überdenken. Eine kulturübergreifende Analyse muß nicht nur auf offenbarte Texte Bezug nehmen, sondern auch auf Texte, deren kultureller und religiöser Kontext sich von dem der Hebräischen Bibel unterscheidet. Derartige Texte können nichtsdestoweniger klare Parallelen zu den biblischen Texten bezüglich Ort und Funktion in ihrer eigenen Kultur und Gesellschaft aufweisen. In dieser Studie soll daher das wichtigste Definitionskriterium für Heilige Schriften der für die kulturelle oder religiöse Identität grundlegende Status eines Textkorpus sein. Diesen grundlegenden Status kann man leicht bestimmen: am Respekt, den man den Texten entgegenbringt, und an der Bedeutung, die man ihnen zumißt. Heilige Schriften werden besonders kanonisiert, d.h., sie werden bestimmt, begrenzt und erhalten einen besonderen, erhabenen und geheiligten Status. Darüberhinaus durchwandern sie einen ständigen Interpretationsprozeß, der sie immer von neuem aktualisiert. Tatsächlich kann es keine Heiligen Schriften geben ohne Hermeneutik, die die beständig drohende kognitive Dissonanz überbrückt, d.h. die Distanz und Spannung zwischen den Vorstellungen der alten Heiligen Schriften und den neuen Auffassungen.

2. Ein Gefühl der Epigonalität[4]

Die Christen übernahmen grundsätzlich die jüdische Bibel. Dagegen durchlief ihr Schriftverständnis in den ersten christlichen Jahrhunderten grundlegende Wandlungen[5]. Hier beschränke ich mich auf das römische Imperium. Im christlichen Kaiserreich der

---

4 Epigonalität steht für das englische ‚belatedness‘, das etwa den Sinn ‚Verspätetheit‘ ausdrücken soll; d.h. in diesem Fall, in einem sekundären Verhältnis zu einem Original zu stehen (Daniel J. Stökl).

5 Vgl. als Einführung zum Konzept Heiliger Schriften z.B. W.A. Graham, Scripture, EncRel 13, 133-145 (Lit!). Vgl. weiterhin M. Levering (ed.), Rethinking Scripture. Essays from a Comparative

Spätantike, von den Kappadoziern und Augustinus bis zu Cassiodor und Johannes Damaszenus, werden wir Zeugen der Geburt der christlichen Kultur. Diese Geburt kann nur mit Verweis auf den neuen Status, den Heilige Schriften erhalten, verstanden werden[6].

Bereits in den ersten Jahrhunderten des immer noch heidnischen römischen Reiches lassen sich zahlreiche tiefgehende Transformationen in den unterschiedlichen Schrifttraditionen festmachen. Die größte Neuerung ist der kulturübergreifende gegenseitige Einfluß, der die Entstehung von dem, was zumeist als westlicher Kanon bezeichnet wird, mit sich gebracht hat. Dieser gegenseitige Einfluß entstand hauptsächlich dank dem Entschluß einiger Patrizierfamilien im Ostreich des vierten Jahrhunderts, kein neues, christliches Bildungssystem zu schaffen, sondern die Ausbildung ihrer Söhne auf dem Besten der klassischen Kulturtradition aufzubauen. Die neue, christianisierte παιδεία, geboren in der Spätantike, war vielleicht der wichtigste einzelne Schritt hin zur Ausformung einer europäischen Kultur.

Die radikale Neuheit christlicher Religiosität war in der alten Welt, die die Tradition hochschätzte (πάτριοι νόμοι, *mos maiorum*), sarkastischen Bemerkungen ausgesetzt. Verschiedentlich präsentierte sich das Christentum als religiöse Revolution[7]. Ich behaupte, daß diese Revolution auch im Schriftverständnis der Christen reflektiert wird. Jene Denker entwickelten ein völlig neues Verständnis der Heiligen Schriften, das sowohl im Inhalt als auch in der Form von dem unterschieden war, was Juden und

---

Perspective, Albany, NY 1989; und W.A. Graham, Beyond the Written Word. Oral Aspects of Scripture in the History of Religions, Cambridge 1987.

[6]   F.M. Young, Biblical Exegesis and the Formulation of Christian Culture, Cambridge 1997, bes. Kap. 2.

[7]   G. Stroumsa, Early Christianity as Radical Religion. Context and Implications, IOS 14, 1994, 173-193 (nun auch als erstes Kapitel in G. Stroumsa, Barbarian Philosophy. The Religious Revolution of Early Christianity, WUNT 112, Tübingen 1999).

Griechen gleichermaßen kannten. Dadurch konnten die Kirchenväter auf unterschiedliche Art und Weise das Verständnis von Kanon und seiner Verwendung neu prägen. Nicht nur der Umfang der Schriften, auch die Kanonsidee an sich wurde neu definiert, wobei die Haltung zu Sprache und zum kulturellen Gedächtnis einige drastische Änderungen erfuhr. Diese Änderungen spiegeln das wider, was man die christliche hermeneutische Revolution nennen kann – eine Revolution, die die ihr gebührende Aufmerksamkeit noch nicht erhalten hat[8]. Es wäre banal, die zwei Säulen europäischer Kultur, Athen und Jerusalem, die griechischen und die biblischen Aspekte erneut aufzuzählen. Doch benötigen die Vorgänge, durch welche zentrale Elemente griechischer Kultur parallel mit der christlichen Bibel arbeiteten, immer noch Klärung. Diese beiden literarischen Korpora machten das aus, was ich in Anlehnung an Cricks und Watsons Metapher zur Beschreibung der DNA-Struktur die Doppelhelix nenne. Zusammen formen sie das Rückgrat des kulturellen Gedächtnisses der christlichen Welt im Mittelalter.

Als Tertullian in einer beiläufigen, doch prägnanten Formulierung Athen und Jerusalem gegenüberstellte, fiel er einem doppelten Kurzschluß zum Opfer[9]. ‚Athen' war in Wirklichkeit ‚Rom', und mit ‚Jerusalem' meinte er nicht die irdische Stadt, sondern eher das himmlische Jerusalem, d.h., ‚die Kirche'. Genauer gesagt: Griechische Kultur (Tertullian dachte im wesentlichen an Philosophie) war ins Lateinische übersetzt worden, und Christen lasen die Bibel nicht im ursprünglichen Hebräisch, sondern auf Griechisch und mit Einschluß des Neuen Testaments. Mit anderen Worten handelt es sich hier um eine spätere

---

[8] Doch vgl. A. Le Boulluec, L'apport des chrétiens au langage symbolique de l'antiquité, in: Les Pères de l'Eglise au XXe siècle. Histoire, littérature, théologie; l'aventure des Sources chrétiennes, Paris 1997, 225-249. Er verweist auf die „parabolische Revolution" in der symbolischen Sprache bei Clemens von Alexandrien.

[9] Tert., praescr. 7,9 (CChr.SL 1, 193,32f. Refoulé).

Stufe kultureller und religiöser Geschichte – offensichtlich eine
sekundäre Reaktion auf ein früheres, ursprünglicheres Stadium.

Das Gefühl der Epigonalität ist zweifellos ein typischer Zug
der griechisch-römischen intellektuellen Kultur im Kaiserreich.
Diesbezüglich kann man an die lange Traditionskette in den phi-
losophischen Schulen wie den Platonisten denken oder an die
unterschiedlichen Versuche im Verlauf der zweiten sophistischen
Bewegung, archaisierende Sprache zu verwenden, um das kulturelle Erbe für sich zu reklamieren. Cicero und Quintilian hatten
erfolgreich versucht, die griechische klassische Tradition zu
rekanonisieren und zu übersetzen. Ciceros kulturelle Haupterrun-
genschaft liegt in seiner Übersetzung der griechischen philosophi-
schen Sprache ins Lateinische. Die typische ambivalente Haltung
der Römer zur griechischen Kultur – der Kultur der politischen
und militärischen Verlierer – brachte sie auch dazu, auf sehr
eindrückliche Weise ihren eigenen epigonalen Charakter gegenüber ihren illustren Vorgängern anzuerkennen. Die Römer konnten nie vergessen, daß sie zeitlich nach den Griechen kamen.
Kulturell fühlten sie sich sehr ungleich, verdammt durch ihre
Epigonalität, die überlegene Kultur ihrer früheren Feinde zu interpretieren. Im Rom des zweiten Jahrhunderts unserer Zeitrechnung können wir in diesem Zusammenhang das Wachsen der Idee
des ‚Klassischen' verfolgen. Die römische Welt lebte daher in dem,
was man eine grundsätzliche kulturelle Diglossie nennen könnte.

Am besten kommt die Ausformung der römischen kulturellen
Identität vielleicht in Vergils Aeneis zum Ausdruck. Die Römer
konnten nicht einfach das homerische Epos übersetzen und be-
nutzen. Sie mußten es neu schaffen und ihren eigenen Bedürfnis-
sen anpassen. Bezeichnenderweise blieb auch für die Christen
derselbe Homer (das, was bei den Griechen den Heiligen Schriften am nächsten kommt) das fragwürdigste Stück griechischer
Literatur, dasjenige, das am schwersten zu assimilieren war.
Tertullian konnte *„Seneca saepe noster'* sagen[10]. Aber weder

---

[10] Tert., an. 20,1 (CChr.SL 2, 811,3 Waszink).

Clemens noch Origenes hätten jemals auf ähnliche Weise Homer adaptieren können. Die christlichen Anstrengungen, das Beste der griechisch-römischen Kultur zu reklamieren, begannen erst später. Als das Beste galt ihnen die Philosophie, die am wenigsten durch die heidnischen Götter verunreinigt war. Das ursprüngliche christliche Gefühl der Epigonalität bestand gegenüber Israel. Um sich und ihren Gegnern zu beweisen, daß sie die legitimen Erben einer langen kulturellen und religiösen Tradition seien, bestanden die Christen schon früh darauf, sich als *verus Israel* zu bezeichnen. Daher bestritten sie beständig und systematisch Israels Primat, den es *de facto* und *de jure* innehatte, obschon es starken Druck dagegen gab, hauptsächlich, doch nicht ausschließlich aus Markions Lager.

Für die Christen war die Vergangenheit nicht einfach als goldenes Zeitalter idealisiert oder dem Späteren von Natur aus überlegen. Ganz im Gegenteil hielten sie gerade deswegen, was *nach* den Hebräischen Schriften kam, und was diese Schriften offen oder verborgen hatten ankündigen sollen, an diesen Schriften fest. Der Messias ist bereits gekommen. In den ersten Jahrhunderten formten christliche Intellektuelle verschiedenster Schattierungen äußerst raffinierte hermeneutische Regeln, um die jüdischen Schriften im Zeichen dieses Advents zu lesen, der die radikale Zäsur in der Weltgeschichte darstellt. Natürlich bestritten die meisten Juden diese Sichtweise der Geschichte und bemühten sich, konkurrierende Hermeneutiken zu entwickeln. Insofern genoß die Vergangenheit nicht länger allgemein und axiomatisch ein höheres Ansehen als die Gegenwart. Christliches Auslegungsverhalten reflektiert daher eine grundlegende Änderung der Einstellung zur Vergangenheit und einen relativ neuen Zugang zu den Schriften. Dieser Einstellungswandel kommt einer Revolution gleich.

Der größte Unterschied zwischen der traditionellen Auffassung der Epigonalität und der von den Christen entwickelten Sichtweise war, ihre eigene Epigonalität nicht als Schwäche, sondern als Stärke zu sehen. Diese Sichtweise baute auf einer

völlig neuen Haltung zu Zeit und Geschichte auf und sollte sich
als ihr größter Vorteil erweisen. Heiden wie Juden vertraten die
Vorstellung eines vergangenen goldenen Zeitalters. Diesem Konzept diametral entgegengesetzt konnten die Christen, die sich im
messianischen Zeitalter wußten, sich selbst als diejenigen sehen,
die *mehr* wissen, *tiefer* verstehen und dichter an der Wahrheit
sind als frühere Generationen.

Mutatis mutandis trifft die Beschreibung des frühchristlichen
Schriftverständnisses als hermeneutischer Revolution auch auf
das rabbinische Judentum nach Jabne zu. Gewissermaßen wie
die Kirchenväter trieben auch die Rabbinen eine religiöse Revolution vor. Wie sie mußten die Rabbinen ein komplexes hermeneutisches System erfinden, um die Bibel in die völlig neuen
Umstände hinüberzuretten. *Prima facie* scheint die Situation der
Rabbinen zu ihren Schriften von der ihrer christlichen Zeitgenossen verschieden. Zweifelsohne historisch simplizistisch betrachteten sie sich als direkte spirituelle Erben der Pharisäer.
Allerdings konnten sie nie vergessen, daß sie in einer völlig
neuen, postklassischen Situation lebten: Seitdem die Propheten
verstummt waren und der Tempel zerstört war, konnten keine
Opfer mehr dargebracht werden. Es war keine heile Welt, welche einen Gottesdienst auferlegte, der sich von dem der Bibel
wesentlich unterschied. Die klassische Frage des Talmuds über
den Primat des Propheten oder des Weisen bringt die Selbstbe-
stätigung der Rabbinen zum Ausdruck, wie auch ihr großes
Verantwortungsgefühl, das biblische Erbe neu umformen zu
müssen. Daher mußten die Rabbinen neue, anspruchsvolle Wege
zu den alten Schriften finden, zu Texten, die sich auf den Tempel
beziehen, auf das Erbe eines verlorenen Landes und auf vergan-
gene Prophezeiungen. Wie die römische Kultur schaute auch die
talmudische Kultur aus der Perspektive der Nachgeborenen. Die
Weisen betrachteten die Neu-Interpretation der Schriften, die
früheren, edleren Geschlechtern offenbart worden waren, als
ihre Hauptaufgabe. Doch waren sie vorsichtig genug, die Neuheit dieser Interpretationen zu verbergen. Die Rabbinen, die als

Denker innerhalb eines ziemlich spezialisierten Systems arbeiteten und dabei quasi eine Privatsprache benutzten, sollten ebenfalls als Intellektuelle der Spätantike verstanden werden.

3. Sekundäre Kanonisierung

Der Kanonisierungsprozeß im Christentum baut direkt auf dem
Korpus der jüdischen Schriften auf. Dieser Kanon wird ausgeweitet, wodurch sowohl Struktur als auch Status des Korpus
drastisch umgeformt werden. Die christlichen Schriften weisen
bestimmte Eigenschaften auf, die, wie ich vorschlage, diesem
Prozeß der Sekundärkanonisierung entstammen oder – um einen
von Carsten Colpe geprägten Begriff zu verwenden – dem Prozeß der Filiation von Kanones[11].

Über die Kanonisierung der neutestamentlichen Schriften,
einem Prozeß, der im wesentlichen in den letzten Dekaden des
zweiten Jahrhunderts stattfand, ist viel geschrieben worden[12].
Für unseren Kontext ist die Tatsache entscheidend, daß dieser
Prozeß direkt durch Markions Forderung ausgelöst wurde, das

---

[11] C. Colpe, Sakralisierung von Texten und Filiationen von Kanons, in:
A. und J. Assmann (Hgg.), Kanon und Zensur, Archäologie der
literarischen Kommunikation 2, München 1987, 80-92. Für Colpe
gibt es in der Religionsgeschichte nur drei bedeutende Filiationen von
Kanones: im Judentum, im Hinduismus und im Buddhismus. Vgl.
auch L.L. Patton (ed.), Authority, Anxiety and Canon. Essays in
Vedic Interpretation, Albany 1994.

[12] Siehe die klassische Arbeit von H.v. Campenhausen, Die Entstehung
der christlichen Bibel, BHTh 39, Tübingen 1968, wie auch B.S. Childs,
The New Testament as Canon. An Introduction, Philadelphia 1985,
und B.M. Metzger, The Canon of the New Testament: its Origin,
Development, and Significance, Oxford 1987. Zur Kanonidee vgl. B.
Lang, Art. Kanon, Handbuch religionswissenschaftlicher Grundbe-
griffe Bd. III, Stuttgart u.a. 1993, 332-335; W. Künneth, Art. Kanon,
TRE Bd. XVII, Berlin/New York 1988, 562-570; W. Schneemelcher,
Art. Bibel III. Die Entstehung des Kanons des Neuen Testaments und
der christlichen Bibel, TRE Bd. VI, Berlin/New York 1980, 22-48.

Alte Testament als für das Kerygma des Christentums irrelevant abzulehnen[13]. Dieser bekannte Sachverhalt streicht die dialektische Verbindung zwischen Kanon und Häresie heraus. Markion hatte die radikale Neuheit des Christentums betont. Nach ihm hatte die Religion Jesu Christi keine Verwendung für die alten jüdischen Schriften, die zu einer anderen religiösen Welt gehörten. Markions extreme Haltung hatte ihre eigene Logik. Teilweise wurde seine Zurückweisung der Hebräischen Bibel und seine Forderung nach einem der Neuheit der christlichen Identität entsprechenden, völlig neuen Kanon in anderen häretischen Bewegungen sowie verschiedenen gnostischen Strömungen und im Manichäismus aufgenommen. Noch *vor* Mohammed entschied sich Mani, für seine selbstgegründete Religion völlig neue Heilige Schriften zu verfassen.

Generell erklärt die Tatsache, daß Markions Herausforderung den Kristallisationsprozeß der christlichen Schriften in Gang setzt, die direkte Beziehung zwischen Kanonisierungsprozeß und gesellschaftlichen Realitäten. Diskussionen über den Kanon reflektieren Auseinandersetzungen über die Grenzen der Gesellschaft, d.h. darüber, wer *insider* und wer *outsider* ist. Mit anderen Worten: Kanonisierungsprozesse beleuchten einen weiteren Aspekt der Identitätsfrage: Texte werden vom Kanon ausgeschlossen und als ‚apokryph' etikettiert, genauso wie Widersacher als Häretiker bezeichnet und aus der christlichen Kirche ausgeschlossen werden[14].

---

[13] Vgl. die jüngste Untersuchung von H.-D. Betz, Begründet der neutestamentliche Kanon eine Kirche in Fragmenten?, Conc(D) 33, 1997, 322-333.

[14] Übrigens kommt die zentrale Bedeutung von Heiligen Schriften in Identitätskonflikten einer bestimmten Tradition auch im Status der Bibel in der rabbinisch-karäischen Kontroverse zum Ausdruck. Siehe B. Chiesa, Judentum und Heilige Schrift von der Antike zum Mittelalter – von der Kreativität zur Hermeneutik, (im Druck). Zu früheren Bewegungen vgl. J. Fossum, Social and Institutional Conditions for Early Jewish and Christian Interpretation of the Hebrew Bible with

Die Idee der Kanonisierung an sich impliziert Ausschluß. Wenn ein Textkorpus definiert ist, ist es von weiteren Zufügungen abgeschlossen; darüberhinaus ist es im Gegenüber zu anderen Texten definiert, die vom kanonischen Korpus ausgeschlossen sind. Daher ist Kanonisierung naturgemäß ein später Prozeß, der einem vorherigen Stadium der Öffnung, der Redaktion oder sukzessiven Hinzufügung von Texten zum kulturellen Gedächtnis einer Gesellschaft folgt. Der Kanonisierungsprozeß dient dazu, eine derartige Schöpfung kollektiven Gedächtnisses zu ihrem Ende zu bringen, zu regulieren und zu begrenzen. In diesem Sinne spiegeln Kanonisierungsprozesse den Willen einer Gesellschaft wider, einen klaren Entscheid darüber zu treffen, was erinnert und was vergessen, was gefördert und was zurückgewiesen werden soll. In Jan Assmanns Worten: „Kanon ist die *mémoire volontaire* einer Gesellschaft"[15]. Oder wie Ernst Robert Curtius es ausdrückt: „Nehmen wir die historische Betrachtung wieder auf, so finden wir, daß das Vergessen ebenso wichtig ist wie das Erinnern. Viel muß vergessen werden, wenn Wesentliches gewahrt werden soll."[16] In diesem Sinne sind Öffnen und Schließen, Erweitern und Begrenzen geeignete Metaphern für die Beschreibung der Vorgänge bei einem Kanonisierungsprozeß.

Es gibt keinen Kanon ohne Ausschluß von diesem Kanon. Wie ‚heilig‘, so ist auch ‚Kanon‘ nur im Kontext verständlich, zusammen mit dem Bereich des ‚Profanen‘, was selbstverständlich das außerhalb Gebliebene beschreibt. Kanon kann also nur als vergleichender Begriff verstanden werden. In juristischem Kontext z.B. können nicht alle Gesetze den gleichen Rang ha-

---

Special Regard to Religious Groups and Sects, in: M. Saebø (ed.), Hebrew Bible / Old Testament. The History of Its Interpretation, Bd. 1, Göttingen 1996, 239-254.

[15]   J. Assmann, Das kulturelle Gedächtnis. Schrift, Erinnerung und politische Identität in frühen Hochkulturen, München 1992, 18.

[16]   E. Curtius, Europäische Literatur und lateinisches Mittelalter, Bern/ München ⁵1965, 400.

ben. Wenn das Grundgesetz kanonisch genannt werden kann, ist es dies nur im Gegensatz zu den anderen regulären Gesetzen[17]. Das Studium des Kanons ist daher eine Studie über Ausschluß und Verlust. Das Bestehen auf der vergessenden Seite des religiösen Gedächtnisses muß mit Sicherheit auch für die christlichen Schriften gelten. Allerdings ist der christliche Kanon aufgrund seiner sekundären und zwiefältigen Natur mit besonderen Merkmalen ausgezeichnet.

Zunächst spiegelt der Kanonisierungsprozeß die Entscheidung einer bestimmten Gesellschaft wider, einige Texte als Teil des Textkorpus auszuwählen, das einmal das grundlegende Korpus dieser Gesellschaft werden soll. Dieser Prozeß schließt zugleich aus, wie er einschließt. Im Falle des frühen Christentums sind die Haupttexte, die zurückgewiesen wurden, natürlich die apokryphen Evangelien und Apostelakten, während man im rabbinischen Judentum die *beraitot*, wörtlich, die ‚äußeren' Texte, die von der Mischna ausgeschlossenen Texte, erwähnen sollte. Selbstverständlich liegt der Hauptunterschied zwischen den apokryphen Schriften des Neuen Testament und den *beraitot* darin, daß letztere keinesfalls als häretisch oder der Orthodoxie gegenüber bedrohlich betrachtet werden.

Entscheidungen, Texte in einen Kanon einzubeziehen und andere auszuschließen, können nicht in Isolation vom sozialen Umfeld getroffen werden. Dabei muß betont werden, daß die christliche Kanonisierung in einer Art Enklave stattfindet, d.h. in einer behüteten Minderheit, die innerhalb einer Gesellschaft lebt und eine Gegengesellschaft mit eigenen Regeln bildet, die oft nur wenig Beziehungen mit der Außenwelt fördert oder erlaubt. Können wir in der Lehre der kanonischen Schriften Elemente feststellen, die diese Texte annehmbarer machen für jene innerhalb des theologischen Hauptstromes – wie auch immer er defi-

---

[17] D. Conrad, Zum Normcharakter von ‚Kanon' in rechtswissenschaftlicher Perspektive, in: A. und J. Assmann (Hgg.), Kanon und Zensur (wie Anm. 11), 47-61.

niert ist? Erschienen die apokryphen Schriften denen schmack-
hafter, deren theologische Ansichten an den Rand gedrängt
wurden und die bald als Häretiker bezeichnet wurden? Tatsächlich kennen wir die Manichäer und unterschiedliche gnostische
Gruppen als begeisterte Leser der apokryphen Literatur des Alten wie des Neuen Testaments. Ich kann hier nicht die Gründe
dieser literarischen Vorlieben eruieren. Ebenfalls offenbleiben
muß das Problem der chronologischen Abfolge – was kam zuerst, die extremen Ansichten einiger Texte, die dann die Theologie ihrer Leser prägten, oder die Randgruppen, die diese Texte
dann redaktionell überarbeiteten? Hingegen möchte ich die
Wechselwirkung von Kanonisierungsprozeß und der Frage nach
sozialer und kultureller bzw. theologischer Identität unterstrei-
chen, die immer in bezug auf den Außenseiter gestellt wird. Der
erste Außenseiter ist der Häretiker: „Sag mir, was du liest, und
ich sage dir, wer du bist." Daher beleuchtet der Prozeß des Ein-
und Ausschließens von Texten direkt eine soziale Situation und
die Grenzen der Gruppe[18].

Der Handschriftenschatz, der vor 50 Jahren in Nag Hammadi
entdeckt wurde, hat enthüllt, daß in den frühesten Stadien des
frühen Christentums verschiedene Strömungen höchst unterschiedliche Interpretationen des Wesens Jesu Christi und seiner
Botschaft vertraten. Die intellektuelle und religiöse Leitung dessen, was einmal das sogenannte orthodoxe Christentum werden
sollte, wies die meisten dieser Interpretationen zurück. Diese
Schriften, gewöhnlich als dualistisch oder ‚gnostisch' bezeichnet,
wurden vom Kanon ausgeschlossen und *in malam partem* als
apokryph definiert: Sie propagierten häretische Ansichten, die
vom Teufel inspiriert waren. Wichtige Aspekte christlicher Spe-
kulation, die in einigen Fällen sogar eher im Zentrum des Spek-
trums möglicher Meinungen zu verorten sind, wurden später
ausgeschlossen, zensiert und dazu verdammt, vergessen zu wer-

---

[18] Siehe R. Grant, Heresy and Criticism. The Search for Authenticity in
Early Christian Literature, Philadelphia 1987.

den. Ohne die Hybris der Häresiologen, die sich über Details der verabscheuten häretischen Ansichten ausließen, und ohne die *fortune* moderner Entdeckungen hätten wir das Wesen der meisten dieser Meinungen bis heute verkannt.

4. Zweigeteilte Schriften

Die Umstände, unter welchen in den christlichen Gemeinden die Schriften des Neuen Testaments den Büchern der Septuaginta hinzugefügt werden, erfordern weitere Nachforschungen. In den ersten beiden Jahrhunderten standen Juden und Christen in harter Konkurrenz zueinander. Beide Gemeinden waren auf der Suche nach ihrer Identität. Gleichzeitig stritten sie sich innerhalb ihrer verschiedenen Fraktionen und polemisierten gegen die pagane Mehrheitskultur. Anscheinend fanden die Kanonisierung der Mischna und des Neuen Testaments beide zur gleichen Zeit statt, am Ende des zweiten Jahrhunderts. Trotz des immensen Forschungsaufwands in der Frage der Kanonisierung des Neuen Testaments, und – mit Abstrichen – bei der Kanonisierung der Mischna, hat dieses überraschende zeitliche Zusammentreffen bislang keine Aufmerksamkeit erfahren. Wie ich an anderem Ort vorgeschlagen habe, könnte diese Gleichzeitigkeit den Wettbewerb beider Gemeinschaften um den hermeneutischen Schlüssel zum rechten Verständnis der gemeinsamen Schriften widerspiegeln. Für die Juden ist die Mischna oder die δευτέρωσις der passende Schlüssel. Für die Christen besteht dieser Schlüssel im Neuen Testament, ihrer eigenen δευτέρωσις[19].

Der Vergleich zwischen Mischna und Neuem Testament ist allerdings nicht bis ins letzte Detail möglich. Obgleich die Mischna (und später der Talmud) tatsächlich als der Schlüssel für das rechte Verständnis der Schriften dargestellt wird, wird

---

[19] G.G. Stroumsa, Hidden Wisdom. Esoteric Traditions and the Roots of Christian Mysticism, Leiden 1996, 79-91.

sie nicht selbst Teil dieser Schriften. Schon der Name ‚mündliche Tora' für die talmudische Literatur unterscheidet sie von den eigentlichen Schriften, der ‚schriftlichen Tora'. Die ‚mündliche Tora' kann als andere, normative und regulative Art von Kanon beschrieben werden, die die Schriften, den offenbarten Kanon, vervollständigt. Daraus, daß die Mischna nicht Teil des Schriftenkanons wurde, kann man schließen, daß sie trotz allen Respekts ihr gegenüber dennoch von zweitrangiger Bedeutung neben der Bibel bleibt[20]. Eine sehr unterschiedliche Entwicklung nimmt im frühen Christentum ihren Lauf. Hier bringt das relativ neue Konzept kanonischer Schriften den gleichen oder gar überlegenen Status mit sich, der bald der neuen Schicht der Schriften, dem Neuen Testament, über das Alte Testament hinaus verliehen wird.

Im gleichen Zeitraum, in dem der Status des Neuen Testaments formell festgelegt wurde, wurden die christlichen Schriften in zwei klar definierten und voneinander unterschiedenen Schichten etabliert, die jede im Licht der anderen gelesen werden mußte. Bemerkenswerterweise enthält die in diesem System eingebaute Intertextualität ein Zeitelement: der gesamte Doppelkorpus der Schriften umfaßt sowohl eine frühere als auch eine spätere Schicht, wobei jede die andere entweder ankündigt, reflektiert oder vervollkommnet. Beide Schichten müssen zusammen gelesen werden. Jede ist der Schlüssel für das rechte Verständnis der anderen. Aber die Art und Weise des Lesens ist fundamental unterschiedlich.

Das Neue Testament wird nicht nur integraler Bestandteil der christlichen Schriften. Es wird darüber hinaus klar dem Alten Testament übergeordnet. Letzteres ist nur Präfiguration und stellt den τύπος oder die *figura*, ein *sacramentum futuri* dessen dar, was in der Endoffenbarung klarer wiederholt und entwik-

---

[20]   Zu den verschiedenen Arten von Kanon in der rabbinischen Literatur vgl. M. Halbertal, People of the Book. Canon, Meaning, and Authority, Cambridge, Mass. 1997.

kelt und völlig enthüllt werden sollte: dem Neuen Testament, der Schrift par excellence, das die *ipsissima verba* des Erlösers bewahrte. Darüberhinaus motiviert diese Perspektive eine Entwertung des Alten Testaments im christlichen Gedächtnis. Seine wahre Signifikanz lag in dem, was später geschah. Es ist das erlösende Leiden Christi, welches die Christen ständig vergegenwärtigen müssen, nicht die verborgenen Anspielungen darauf im Alten Testament, die, wie heilig sie auch sein mögen, doch nur dieses Leiden ankündigen.

In diesem Licht muß man die Entwicklung einer weiteren Art von Kanon im frühen Christentum sehen. Wie die Mischna ist er ein normativer Kanon, doch ist er nicht literarischer Natur: der κανῶν τῆς ἀληθείας (*regula veritatis*). Das Wesen dieser *regula veritatis* versteht man am besten, wenn man ihre Identität mit der *regula fidei* erkennt. Diese Regel präsentiert die Kriterien zum rechten Verständnis der Schriften und zur Unterscheidung von Orthodoxie und Häresie[21]. Mit anderen Worten, sowohl im Fall des rabbinischen Judentums als auch im frühen Christentum wird neben dem Schriftenkanon eine andere Art von Kanon benötigt, der diesen vervollständigt. Die Schriften sind nicht ihr eigenes Wahrheitskriterium. Obschon die Christen ein zweigeteiltes Schriftensystem entwickelt hatten, brauchten sie über den biblischen Kanon hinaus noch einen weiteren Kanon, der auf der kirchlichen Tradition aufbaut und der natürlich von niedrigerem Status ist[22].

---

[21] Siehe R.A. Greer in dem von ihm gemeinsam mit J.L. Kugel herausgegebenen Early Biblical Interpretation, Philadelphia 1986, 109-113. Zur *regula veritatis* siehe E. Lanne, La règle de vérité: aux sources d'une expression de saint Irénée, in: G.J. Békés/G. Farnedi (edd.), Lex Orandi, Lex Credendi. Miscellanea in onore de P. Cipriano Vagaggini, StAns 79, Rom 1980, 57-70.

[22] Zu den unterschiedlichen Bedeutungen von *Kanon* im christlichen Sprachgebrauch, siehe H. Cancik, Kanon, Ritus, Ritual. Religionsgeschichtliche Anmerkungen zu einem literaturwissenschaftlichen Diskurs, in: M. Moog-Grünewald (Hg.), Kanon und Theorie, Heidelberg 1997, 1-19.

Die zweigeteilte Struktur der christlichen Schriften unterstreicht den fundamentalen Unterschied zwischen christlicher und jüdischer Identität[23]. Der christliche Weg, die gemeinsamen Schriften (die Septuaginta) zu lesen, hat eine Enteignung der jüdischen Lesart dieser Texte zur Folge. Ohne den Schlüssel des Neuen Testaments, so behaupten die frühchristlichen Autoren, können die Juden ihre eigenen Texte nicht richtig dechiffrieren. Sie sind ihrer eigenen Schrifttradition gegenüber blind geworden, und die Christen, als *verus Israel*, haben das geistige Erbe der Juden angetreten, die Israel nun nur noch dem Fleische nach sind[24].

Eine der eindrücklichsten Passagen, die diese wohlbekannte christliche Behauptung zum Ausdruck bringt, findet sich in Origenes' Kommentar zum Johannesevangelium:

„Nicht roh darf das Fleisch des Lammes gegessen werden, wie es nach Art vernunftloser Tiere die Sklaven des Textes tun, die wie wilde Tiere sind gegen die wahrhaft geistigen Menschen, welche den geistigen Sinn des Wortes zu verstehen suchen und damit die roh (gewachsenen) Tiere aufbereiten. Wer aber das Rohe der Schrift zum Kochen bereitet, muß darum besorgt sein, daß das Geschriebene nicht in etwas Schlaffes, Verwässertes, Aufgelöstes verwandelt wird, wie jene es tun, die ‚dem Ohr kitzeln und es von der Wahrheit abwenden' (2Tim 4,3) und die ihre spekulativen Textauslegungen (ἀναγωγαί) auf eine haltlose und ganz verwässerte Lebensführung hin einrichten."[25]

---

[23]   Siehe G.G. Stroumsa, Herméneutique et identité: L'exemple d'Isaac, RB 99, 1992, 529-543.

[24]   Zur frühen Geschichte der christlichen Polemik gegen das Judentum, siehe G.G. Stroumsa, From Anti-Judaism to Antisemitism in Early Christianity?, in: O. Limor/G.G. Stroumsa (edd.), Contra Iudaeos. Ancient and Medieval Polemics between Christians and Jews, TSMJ 10, Tübingen 1996, 1-26.

[25]   Orig., Comm. Joh X 18: Οὐκ ὠμὴν οὖν βρωτέον τὴν σάρκα τοῦ ἀμνοῦ, ὥσπερ ποιοῦσιν οἱ τῆς λέξεως δοῦλοι τρόπον ἀλόγων ζώων καὶ ἀποτεθηριωμένων, πρὸς τοὺς ἀληθῶς λογικοὺς διὰ τοῦ συνιέναι βούλεσθαι τὰ πνευματικὰ λόγου, μεταλαμβάνοντες θηρίων ἀπηγριω-

Mit Hilfe der rechten, d.h., der christologischen Interpretation verstehen die Christen den biblischen Text zu kochen, wogegen die Juden den Text anscheinend ‚roh' verzehren, wenn sie ihn nach dem Buchstaben verstehen, oder zu einem geschmacklosen, ungenießbaren Gericht verkochen, wenn sie die Tora mißdeuten. Man bemerke die malerischen Ausdrücke ‚roh' und ‚gekocht', die wie eine Anleihe aus einem Werk von Claude Lévi-Strauss wirken und im allgemeinen den traditionellen Gegensatz zwischen Natur und Kultur bezeichnen.

Sicherlich kann die Entscheidung von Irenäus und anderen christlichen Intellektuellen, Markion entgegenzutreten und die jüdischen Schriften beizubehalten, auch einfach durch praktische politische Weisheit gefallen sein. In der Antike war Religion zum Großteil mit der Befolgung der πάτριοι νόμοι, der väterlichen Tradition, gleichgesetzt. Nicht Erbe einer solchen Tradition zu sein, hieß zugleich, sich außerhalb des Rahmens der *religio licita* zu setzen.

Das Bestehen der Kirchenväter darauf, die jüdischen Schriften beizubehalten, brachte auch einige logische Schwierigkeiten mit sich, die durch Origenes' *Contra Celsum* beleuchtet werden. Die christliche Position zu Wesen und Gebrauch der Schriften war einem römischen Intellektuellen des zweiten Jahrhunderts kaum verständlich. Die Christen beanspruchten die jüdischen

---

μένων. φιλοτιμητέον δὲ τῷ εἰς ἕψησιν μεταλαμβάνοντι τὸ ὠμὸν τῆς γραφῆς μὴ ἐπὶ τὸ πλαδαρώτερον καὶ ὑδαρέστερον καὶ ἐκλελυμένον μεταλαμβάνειν τὰ γεγραμμένα, ὅπερ ποιοῦσιν οἱ «κνηθόμενοι τὴν ἀκοὴν καὶ ἀπὸ μὲν τῆς ἀληθείας» ἀποστρέφοντες αὐτήν, ἐπὶ δὲ τὸ ἀνειμένον καὶ ὑδαρέστερον τῆς πολιτείας μεταλαμβάνοντες τὰς κατ' αὐτοὺς ἀναγωγάς. (GCS Origenes IV, 188,15-23 Preuschen). Der Text wird zitiert nach Origenes, Das Evangelium nach Johannes, übersetzt und eingeführt von R. Gögler, Zürich/Köln 1959, 221f. Ich möchte an dieser Stelle Maurice Olender danken, der mich auf diesen bemerkenswerten Text aufmersam machte. Vgl. ebenso M. Olender, Dans la cuisine d'Origène, in: M. Idel (ed.), Proceedings of the Conference on Paradise in the History of Religions, Jerusalem April 1997 (im Druck).

Schriften als ihre eigenen. Für Celsus hingegen gehörten diese Schriften entweder dem juristischen oder dem historischen Genre an. Daher sollten sie *au pied de la lettre* gelesen und gerade *nicht* interpretiert werden. Nach ihm betrogen die Christen, besonders die Intellektuellen unter ihnen, den Geist ihrer eigenen Schriften, wenn sie sie unberechtigterweise durch die Brille der Allegorie lasen, einer hermeneutischen Methode, die eigentlich für mythologische Texte wie Homers Werke entwickelt worden war. Wie ich es anderswo ausgedrückt habe, führen Celsus und Origenes hier, was die Franzosen einen ‚dialogue de sourds‘ nennen[26].

5. Die Übersetzung Heiliger Schriften

In der Aneignung der jüdischen Schriften hatten die Christen ein Element aufgegeben, was für Heilige Schriften bis dato allgemein als wesentlicher Teil gegolten hatte: ihre Sprache. In antiken Kulturen galt als Postulat und war als solches keiner besonderen schriftlichen Rechtfertigung bedürftig, daß grundlegende Texte wie die Epen Homers oder die Tora in genau der Sprache überliefert wurden, in der sie zuerst verschriftlicht worden waren. Diese Sprache galt als heilig, mit göttlichen Eigenschaften ausgestattet. Ihr himmlischer Ursprung kam in der ihr innewohnenden Erhabenheit zum Ausdruck. Dieser Sprache war nicht gleichzukommen; sie blieb unnachahmlich – ein Konzept, das später im *i'jâz al-Qur'ân* Aufnahme fand. Mit anderen Worten: der kanonische Text wurde durch seine außerordentlichen Eigenschaften charakterisiert. Mehr noch als der Wert poetischer Sprache wurde ihm eine numinose Aura zuerkannt. Nach dem jüdischen Begriff biblischer Sprache ist tatsächlich jedes einzelne

---

[26] Siehe G.G. Stroumsa, Celsus, Origen and the Nature of Religion, in: L. Perrone (ed.), Discorsi di verita. Paganesimo, giudaismo e cristianesimo a confronto nel Contro Celso di Origene, SEA 61, Rom 1998, 81-94.

Wort der Bibel offenbart. Dem griechischen Konzept nach hatte
die homerische Sprache und allgemeiner die frühe poetische
Sprache eine besonders erhabene Qualität. Dieses Konzept blieb
auch unter späteren griechischen Intellektuellen ein verbreitetes
Postulat. In ihren Augen erwarb die Sprache erst später Prosa-
qualitäten, als die Griechen lernten, alle Schnörkel und Verzie-
rungen aufzugeben oder, um mit Plutarchs Worten zu sprechen,
als sie lernten, ‚zu Fuß zu gehen'[27].

Ein kanonisierter Text sollte in der Originalsprache, in der er
verschriftlicht (redigiert) oder offenbart worden war, tradiert,
gelesen und auswendig gelernt werden. Aber die göttliche Inspiration, die schon der Übersetzung, d.h. der Septuaginta zuge-
sprochen wurde, war den Christen genug und entließ sie der
Pflicht, zum Originaltext zurückzugehen. Daß die Juden den
offenbarten Text des Alten Testament in der Originalsprache
lasen, wurde von christlichen Intellektuellen keineswegs als
Vorteil oder als Garantie für ein tieferes Verständnis angesehen.
Selbst ein Bibelwissenschaftler wie Origenes, der in Palästina
lebte und noch dazu in relativ engem Kontakt mit den Rabbinen
stand, schämte sich nicht seiner Unkenntnis des Hebräischen.
Ganz im Gegenteil: Hieronymus' Suche nach der *Hebraica veritas*
blieb im Kreis der Kirchenväter eine Anomalität[28].

Das vielleicht eloquenteste Zeugnis dazu findet sich in Hieronymus' Briefwechsel mit Augustinus. Hier drückt der letztere
sein völliges Unverständnis für die hartnäckigen Anstrengungen
seines Brieffreundes aus, Hebräisch zu lernen und den Originaltext der Schriften zu erforschen. Um zu der Logik zurückzukom-
men, die in Origenes' Kommentar zu Johannes impliziert ist,
sind die hebräischen Schriften an sich, der Originaltext, ‚roh'

---

[27] Siehe Stroumsa, Hidden Wisdom (wie Anm. 19), 11-26.
[28] Selbstverständlich bedeutete die Unkenntnis des Hebräischen nicht
die Unkenntnis von jüdischen Auslegungstraditionen. Siehe z.B.
G. Stemberger, Exegetical Contacts between Christians and Jews in
the Roman Empire, in: M. Saebø (ed.), Hebrew Bible/Old Testament,
Bd. 1 (wie Anm. 14), 569-586.

und bedürfen der Verarbeitung, d.h., sie müssen gekocht werden, bevor sie geistige Speise werden. Es ist nicht nur die geistige Blindheit der Juden, die sie davor bewahrt, das rechte Verständnis der eigenen Schriften zu entwickeln. Man kann sogar sagen, daß nach dieser Logik Heilige Schriften übersetzt werden *müssen*.

Für die Antike war diese von den Kirchenvätern entwickelte oder in ihren Werken implizite Haltung zur Sprache des Kanons ziemlich revolutionär. Die Übersetzung der Hebräischen Bibel an sich, die Septuaginta, spiegelte einen Glauben an die Übersetzbarkeit von Heiligen Schriften wider. Dieser Glaube war in der griechischen und hellenistischen Kultur ohne Parallele. Wie Arnaldo Momigliano uns in seinem Buch *Alien Wisdom* demonstrierte, zeigten griechische Intellektuelle auf dem Gebiet der Fremdsprachen keine nennenswerte Neugierde. Für die meisten Christen war die Idee einer heiligen Sprache, in der die göttliche Offenbarung abgefaßt worden war, obsolet geworden. Oftmals verstanden sie die Idee einer privilegierten Sprache nicht, die ihrem ökumenischen Ethos und dem missionarischen Charakter ihres Glaubens widersprach. Das Konzept der Übersetzbarkeit der Schriften war wesentlicher Teil christlicher Theologie. Die Offenbarung, die zunächst Israel in seiner eigenen Sprache angeboten worden war, war nun der gesamten Menschheit eröffnet worden. Alle Völker, zivilisierte wie barbarische, innerhalb und außerhalb des römischen Reichs waren dazu eingeladen, die neue Hoffnungsbotschaft zu hören – ein jeglicher in seiner Muttersprache. Die Christen wandten sich also ebenso an die Barbaren wie an die Griechen[29].

Obwohl die christlichen Schriften bald in so verschiedene Sprachen wie syrisch, koptisch, lateinisch oder armenisch über-

---

[29] Siehe G.G. Stroumsa, Philosophy of the Barbarians: on Early Christian Ethnological Representations, in: H. Cancik/H. Lichtenberger/ P. Schäfer (Hgg.), Geschichte – Tradition – Reflexion. FS Martin Hengel, Bd. 2, Tübingen 1996, 339-368.

setzt wurden, kursierten sie zunächst auf griechisch. Jene griechisch-römischen Intellektuellen, die als erste in die christlichen Schriften und speziell in das Neue Testament eingeführt worden waren, fanden sie abgeschmackt, unerbaulich und teilweise absurd. Eines der Hauptargumente gegen das Neue Testament war die niedrige Umgangssprache, in welcher die Evangelien geschrieben waren: Dies sei die Sprache von Fischern, nicht von Philosophen, sagte beispielsweise Celsus, ein guter Zeuge für die allgemeine intellektuelle Reaktion auf das Christentum im zweiten Jahrhundert. Um als wahr angesehen zu werden, mußte eine göttliche Offenbarung in gehobener, nicht in niedriger Sprache abgefaßt sein, vorzugshalber in Poesie, nicht in Prosa. Eine ähnliche Haltung drückte zwei Jahrhunderte später Julians κατὰ τῶν Γαλιλαιῶν aus.

Dem Vorwurf, ungeschlacht zu sein, entgegneten die Christen etwa: ‚Wir tragen euren Spott als Ehrenzeichen'. Genauer: Sie behaupteten, daß die niedrige Sprache der Evangelien die direkte Umsetzung eines wesentlichen Charakterzuges der christlichen Heilsbotschaft war. Sie war allen Menschen gleichermaßen gegeben, Barbaren ebenso wie Griechen, den einfachen, ungebildeten Massen ebenso wie den Gelehrten. Daher sollte sie allen gleichermaßen verständlich sein. Diese Antwort vervollständigt den Begriff der *philosophia barbarorum*. Die Christen akzeptierten stolz die Behauptung der griechisch-römischen Intellektuellen, daß die christliche Gedankenwelt der hellenischen Tradition fremd war. Christliche Intellektuelle waren somit fähig, ihre Schwäche in Stärke zu verwandeln und ihre eigene intellektuelle Identität in der Gesellschaft als ganzer abzusichern.

Wie wir gesehen haben, wurzelte die Kanonisierung des Neuen Testaments in internen Streitigkeiten, während die zweigeteilte Struktur christlicher Schriften im Gegensatz zur einfachen Struktur der jüdischen Schriften verstanden werden muß. Simultan wuchs das Bewußtsein einer spezifisch christlichen Sprache und Stimme, die Augustinus *sermo humilis* nennen würde. Das Wesen dieses *sermo humilis* ist durch Erich Auerbach analysiert worden, der seine Langzeitimplikationen für die Darstellung von Realität in der europäischen Literatur betont hat. Von größerer Relevanz für uns ist die persönliche Beziehung der Christen zu den Heiligen Schriften, die dies direkt mit sich brachte; die Entwicklung einer großen Nähe der Christen zu den Schriften. Daher stammt der übliche, weitverbreitete Gebrauch der Schriften als *exempla,* als direkte Inspiration zur Handlung im täglichen Leben. ,*tolle! lege!'* spiegelt nicht nur den Gebrauch der Schriften als magisches Mittel zur Wahrsagung und *sortes* wider. Es unterstreicht ebenso den Status der Schriften als Wink zu individuellem ethischen und überpflichtigem Verhalten[30]. Diese persönliche, offene Beziehung der Christen zu den Schriften wurde durch ihre radikale Ablehnung des althergebrachten Glaubens an die esoterischen Dimensionen der Heiligen Schriften möglich gemacht, einer Ablehnung, die ihre extreme ,Demotisierung' ermöglichte[31].

6. Religiöses und kulturelles Gedächtnis

In der aus Alexanders Eroberungen geborenen hellenistischen Welt löste sich die kulturelle Identität von der ethnischen und der religiösen Identität. Wer griechisch sprechen oder noch besser schreiben und lesen konnte, galt kulturell als Grieche. In einer weiteren dramatischen Transformation, die daran anschließend in den ersten Jahrhunderten des römischen Weltreichs stattfand, wurden verschiedene Kriterien kultureller Identität mehr und mehr zu Kriterien religiöser Identität. Entsprechend kann man hier den Übergang vom kulturellen zum religiösen Gedächtnis festmachen. Dieser Zivilisationsprozeß kam zu sei-

---

[30]   Siehe D. Burton-Christie, The Word in the Desert. Scripture and the Quest for Holiness in Early Christian Monasticism, New York/Oxford 1993. Siehe auch J. Kirchmeyer, Art. Écriture sainte et vie spirituelle, D.S. Bd. IV, Paris 1960, 127-169.
[31]   Siehe Stroumsa, Hidden Wisdom (wie Anm. 19), 132-146.

nem Höhepunkt mit der Christianisierung des Kaiserreichs im Laufe des vierten Jahrhunderts.

Die Konstantinische Wende oder sogar Revolution stellt das Endergebnis eines langen, komplexen Prozesses religiöser Transformationen dar, durch welche sich nicht nur die Glaubensanschauungen, sondern auch die Perspektiven und Einstellungen fundamental änderten. Wie Ernst Troeltsch vor langer Zeit gezeigt hat, machte auch das Christentum selbst eine tiefe Wandlung durch, als es das Kaiserreich bekehrte und von einer ehemaligen jüdischen Sekte zu einer Weltreligion wurde[32]. Während das Faktum dieser Revolution größtenteils anerkannt wird, bedürfen die Implikationen für den Status der Schriften noch tiefergehender Klärung. Konstantins Revolution brachte die Wandlung der Identitätsparameter zu ihrem Abschluß. Im vierten Jahrhundert unserer Zeitrechnung löste Religion Kultur und Sprache als Hauptkriterium für die Identität ab. Die Konsequenzen dieses drastischen Wechsels waren von böser Vorbedeutung für die Zukunft der Toleranz oder besser der Intoleranz im christlichen Imperium und später in der europäischen Geschichte. Hier aber wollen wir uns mit der Bedeutung für das Schriftverständnis auseinandersetzen.

In seinem anregenden Buch *Das kulturelle Gedächtnis* untersucht Jan Assmann dieses Konzept und die Kanonsidee in verschiedenen Gesellschaften der Antike wie Ägypten, Israel und Griechenland. Es mag hier angebracht sein, seine Forschungen im römischen Weltreich fortzusetzen. Zunächst möchte ich die zentrale Bedeutung von Gedächtnis im frühen Christentum betonen. Das Herz des christlichen Ritus, die Eucharistie, wird als Aktualisierung oder Repräsentation, ἀνάμνησις, des Heilsopfers Jesu Christi wahrgenommen. Natürlich unterscheidet sich das christliche Gedächtnis von dem, was in Ritus und Kultur des Judentums mit *Zakhor* zum Ausdruck gebracht wird. Dieser

---

[32] Siehe Stroumsa, Early Christianity as Radical Religion (wie Anm. 7).

Unterschied wurzelte hauptsächlich in einer unterschiedlichen Haltung zur Vergangenheit und in der komplexen oder besser ambivalenten Haltung der Christen zum Alten Testament. Die Christen beanspruchten diese Schriften für das kulturelle Gedächtnis Europas, aber sie lasen das Alte Testament in Übersetzung und hauptsächlich in bezug auf das Neue Testament. Sie hatten die jüdischen Schriften als ihre eigenen adoptiert, aber zu dem Preis, die diesen Schriften innewohnende autonome Macht zu neutralisieren. Jüdisches kulturelles Gedächtnis konnte im enteigneten *Tanakh* von nun an nur noch wie auf einem Palimpsest entziffert werden[33].

Gleichzeitig wurden die ersten christlichen Intellektuellen bald dazu gebracht, das griechisch-römische kulturelle Gedächtnis radikal neu zu interpretieren. Ich erwähnte die Verachtung, die man den Christen als barbarischen Verfechtern einer ‚fremden Weisheit' zollte – zum einen, weil ihre ‚Philosophie' nicht ursprünglich griechisch war, zum anderen, weil sie, wenn sie schon griechisch schrieben, in einer niedrigen, kulturlosen Sprache schrieben. Ebenfalls erwähnte ich die stolze Annahme jener Bezeichnung durch die Christen. Doch wenn die Christen die Machthaber dazu bringen wollten, sie zu tolerieren, konnten christliche Intellektuelle nicht wirklich ablehnen, nach den Spielregeln zu spielen. In der Gesellschaft des Kaiserreiches konnten sie nicht radikale Verwerfer der Kultur bleiben. Die apologetische Literatur des zweiten und dritten Jahrhunderts bezeugt ihre hartnäckigen Versuche, ihren widerspenstigen hellenischen Gegnern einen Dialog aufzuzwingen. Im *quid pro quo* wurden christliche Intellektuelle dazu gebracht, hellenische Kultur anzunehmen, zumindest bis zu einem gewissen Punkt. Was die Philosophie betrifft, taten sie dies bekanntermaßen willentlich.

---

[33] In einem anderen historischen Kontext spricht Jan Assmann von „struktureller Amnesie" als der Kehrseite des kulturellen Gedächtnisses; siehe J. Assmann, Gedächtnis (wie Anm. 15), 72.

Angefangen von Justin dem Märtyrer bis hin zu Eusebius und Augustinus erkannten die Kirchenväter als eine Art parallele Offenbarung an, was sie als spirituelle Aspekte der griechischen Philosophie (besonders des Platonismus) betrachteten. Nach dieser Sicht der Dinge hätte Gott die Besten unter den Heiden mit einigen Funken göttlicher Weisheit inspiriert, die Justin σπέρμα πνευματικόν nannte, um so die Heiden auf das Evangelium vorzubereiten. Nach der Logik dieser Theorie konnte man durch die Geschichte hindurch die Spuren eines doppelten Systems verfolgen, durch welches Gott den Menschen bis zur Inkarnation in Jesus Christus seine Weisheit offenbarte: Israel durch die Heiligen Schriften und den Griechen durch die Philosophie – ebenso wie den anderen Völker, den Indern, dem Volk der sagenhaften Serer (den Chinesen), den Babyloniern, den Persern oder den Ägyptern. In unserem Kontext sollte Justins Theorie für anspruchsvoller, aber im wesentlichen doch parallel zur Diebstahlstheorie gelten, die besonders von Clemens von Alexandria vorangetrieben wurde. Nach ihr gibt es in der Geschichte der Menschheit nur *eine* göttliche Offenbarung, und jede wahre oder gerechte Idee in der paganen, hellenischen Literatur mußte ein Plagiat von Moses darstellen.

Was nach dieser Konzeption ein großes ungelöstes Problem blieb, war der Status der homerischen Schriften. Wie wir gesehen haben, wurden sie in der griechischen Welt zu einer Art Heiligen Schrift: ein grundlegender Text mit einem besonders erhabenen Status, der von dem anderer Werke unterschieden war, eingebettet in ein hermeneutisches Konstrukt mit Kommentaren und Interpretationsmitteln. Von den Werken der gesamten griechischen Literatur wurden jedoch die homerischen Epen zu einem unüberwindlichen Problem für die Christen: die Texte sprachen nicht über die Suche nach Weisheit, sondern über Götzen, von denen man nicht einmal sagen konnte, daß sie wirklich existierten. Als die paganen Intellektuellen die Christen des Atheismus bezichtigten, weil diese den Göttern nicht den gebührenden Respekt zollten, warfen die Kirchenväter den Atheismusvorwurf auf ihre Gegner zurück, deren sogenannte Götter in Wahrheit gemeine vergängliche Dämonen waren.

Die ersten christlichen Intellektuellen schafften es im großen und ganzen, die griechisch-römische Kultur zu integrieren und ihr kulturelles Gedächtnis umzuwandeln. Aber ebenso wie Kanonisationsprozesse den Ausschluß von verschiedenen Texten zur Folge haben, war der vielleicht dramatischste Aspekt dieser Umwandlung der Ausschluß von Texten aus diesem Gedächtnis (d.h. das angeordnete Vergessen), Texten, die in jener Kultur quasi-kanonischen Status innehatten, nämlich den homerischen Epen. Natürlich wurden die homerischen Texte im Christentum nicht mit einer vollständigen *damnatio memoriae* belegt. Wie Hugo Rahner ausführlich demonstriert hat, fanden einige zentrale homerische Mythen und Geschichten in der patristischen Literatur ihren Widerhall[34]. Im großen und ganzen blieb dieses Echo jedoch eher schwach, und die Kirchenväter wiesen Homer niemals die Bedeutung zu, die ihm in den Augen der hellenischen Intellektuellen der Spätantike zukam. Ohne Zweifel werden wir hier Zeugen einer De-Kanonisierung. Dieser Vorgang läuft zu dem der sekundären Kanonisierung parallel. Meistens wird im Betrachten von Kanonisierungsprozessen die Bedeutung des entgegengesetzten Phänomens der De-Kanonisierung übersehen. Die radikale Verschiebung in der kulturellen und religiösen Identität der Spätantike brachte die Notwendigkeit mit sich, von neuem zu wählen, neu einzuschätzen und anzupassen. Der Vorgang der Beförderung enthielt zugleich einen Vorgang der Degradierung, der Erneuerung von Gedächtnis und Vergessen. Um die religiöse Revolution des frühen Christentums und seine drastische Umwandlung der klassischen Kultur ganz zu verstehen, sollten wir die Kanonisierung nur als einen Teilaspekt innerhalb einer komplexen Umschichtung des Status von Texten und der Beziehungen unter ihnen wahrnehmen.

---

[34] H. Rahner, Griechische Mythen in christlicher Deutung, Freiburg 1992 (= Basel 1985), bes. Teil 3: ‚Heiliger Homer', 241-328.

7. Zusammenfassung: Die Doppelhelix der spätantiken Kultur

Philo hatte auf die Übersetzung der ‚barbarischen Philosophie‘, d.h. der Hebräischen Tora, hermeneutische Methoden, speziell die der Allegorie, angewandt. Diese waren von griechischen Grammatikern entwickelt worden, um anstößige Passagen in Homer zu erklären. Philos Ansatz wurde dann zum Modell für einen Großteil der patristischen Hermeneutik. Indem sie diese Regeln auf ihre Schriften anwandten, bestanden die Kirchenväter auf der Intertextualität zwischen den beiden Testamenten als wesentlichem Element der biblischen Hermeneutik.

Ein fundamentaler Unterschied zwischen der Bibel und Homer bestand darin, daß man die Bibel als offenbarten religiösen Text las, wohingegen Homer ursprünglich als Literatur- und Kulturdenkmal galt. Es gab Götter in Homer und Poesie in der Bibel, aber der grundsätzliche Ausgangspunkt für die Wertschätzung von Wesen und Funktion dieser zwei unterschiedlichen Arten von Schrift war verblüffend unterschiedlich. Im römischen Imperium wurde die strukturelle Differenzierung zwischen dem Ansatz Homers und dem der Bibel zunehmend verwischt. Dieses höchst bedeutsame Phänomen scheint nicht die ihm gebührende Aufmerksamkeit erfahren zu haben. Einerseits belegen im zweiten Jahrhundert die Chaldäischen Orakel, später die religiösen Neigungen der neuplatonischen Philosophen das Ausmaß, mit dem spätere hellenische Intellektuelle – eventuell unter christlichem Einfluß – nach eigenen Heiligen Schriften verlangten[35]. Wie die christlichen Heiligen Schriften würden diese einen religiösen oder sogar offenbarungsartigen Charakter einnehmen, der bis dato in der eigenen Tradition fehlte. Andererseits veranschaulicht die Umwandlung der Bibel, die mittels Hermeneutik zu einem Kulturdenkmal wurde, die Geburt der christlichen *Kultur* der Spätantike, einer Kultur, deren Parameter Augustinus in seiner Schrift *De doctrina christiana* so klar definiert.

---

[35] Diese Entwicklung wurde gut analysiert durch R. Lamberton, Homer the Theologian, Chicago 1984.

Was ich die Doppelhelix genannt habe, ist die parallele Schaffung zweier Textreihen als doppeltem Rückgrat einer im Entstehen begriffenen Kultur: Die neuen Heiligen Schriften (Altes und Neues Testament) auf der einen Seite und auf der anderen Seite das, was aus der griechischen und römischen Kultur gerettet werden konnte, d.h. in erster Linie platonische und stoische Philosophie, die für ihre erhabene Metaphysik und Ethik geschätzt wurde. Man könnte eventuell von einem doppelten Übersetzungsvorgang sprechen. Der hebräische Kanon erscheint nun im griechischen Gewand, während die griechisch-römische Kultur der Bibel untergeordnet wird. Ähnlich wie die Philosophie stellten das Alte und das Neue Testament das dar, was gerettet worden war. Die jüdische Schriftinterpretation hingegen wurde ebenso wie die apokryphen Schriften beider Testamente und die griechische Literatur nicht als authentisch anerkannt. Vielleicht war es einer der wichtigsten Beiträge der christlichen Intellektuellen in der Spätantike, ein Netz von Verbindungen und Beziehungen zwischen diesen zwei Schriftsystemen zu knüpfen. Dieses Netz basierte auf dem Wunsch, zumindest metaphorisch Israels Identität zu behalten, und auf dem Gefühl, daß das Christentum ein Beziehungs- und Äquivalenzsystem mit dem Besten der griechischen und römischen Literatur entwickeln sollte. Dieses Netz war es, das am Ende unserer Epoche die Erhaltung großer Teile der klassischen Kultur und ihre Integration in die entstehende christliche Kultur ermöglichte, die im Osten wie im Westen das Herz der europäischen Kultur des Mittelalters und der frühen Moderne werden sollte[36].

---

[36] Bis ins siebzehnte Jahrhundert hinein wurden Homer und die Bibel oft verglichen. Siehe z.B. Joshua Barnes, Susias, London 1629, einer Imitation der Ilias, die auf dem biblischen Estherbuch aufbaut. In der ersten Zeile nimmt „Haman, Sohn Amaleks" den Platz von „Achilles, Sohn des Peleus" ein. In der zweiten Zeile ersetzt „Hebräer" „Achäer", in der dritten steht „mächtige Köpfe der Perser" für „viele mächtige Seelen", usw.

Mystische Jerusaleme

Vincet pax, et finietur bellum.
Quando autem uincet pax, uincet illa
ciuitas quae dicitur Visio pacis[1].

In seinem Buch über die Märtyrer Palästinas referiert Eusebius den folgenden Dialog zwischen dem römischen Statthalter Palästinas und dem Christen Pamphilus im Cäsarea des späten dritten Jahrhunderts:

> „Firmilianus, ..., fragte weiter, welches denn seine Vaterstadt sei. Und abermals gab der Märtyrer eine Antwort, die zur vorigen paßte: er erklärte, Jerusalem sei seine Heimat. Er dachte dabei an jenes Jerusalem, von dem bei Paulus die Rede ist: ,Das Jerusalem, das oben ist, ist die Freie und sie ist unsere Mutter.' (Gal 4,26) ... Der Richter aber dachte an eine Stadt auf der Erde, die auf dem Boden stehe, und gab sich viele Mühe zu ermitteln, was das für eine Stadt sei und wo sie liege, ... Und als der Richter zu wiederholten Malen fragte, was das für eine Stadt sei, von der er rede, und wo sie liege, erklärte er immer wieder, sie sei nur die Heimat der Christen; niemand anderer als sie allein hätten ein Recht darauf und sie liege im Osten, gegen Sonnenaufgang zu."[2]

---

[1] Aug., en. Ps. LXIV 4 (CChr.SL 39, Augustinus X/2, 826,22-24 Dekkers/Fraipont).

[2] Eus., m. P. 11,9-12: ὁ δὲ συνῳδὸν τῇ προτέρᾳ δευτέραν ἀφίησιν φωνήν, Ἰερουσαλὴμ εἶναι λέγων τὴν ἑαυτοῦ πατρίδα, ἐκείνην δῆτα νοῶν περὶ ἧς εἴρηται τῷ Παύλῳ ›ἡ δὲ ἄνω Ἰερουσαλὴμ ἐλευθέρα ἐστίν, ἥτις ἐστὶν μήτηρ ἡμῶν‹ ... ὁ δ' ἐπὶ χθόνα καὶ χαμαὶ ῥίψας τὴν διάνοιαν, ἥτις εἴη αὕτη καὶ ποῖ γῆς κειμένη, ... εἶτα πάλιν πολλάκις ἐρομένου τίς εἴη καὶ ποῖ κειμένη ἣν δὴ φράζει πόλιν, μόνων εἶναι τῶν θεοσεβῶν ταύτην ἔλεγεν πατρίδα· μὴ γὰρ ἑτέροις ἢ τούτοις μόνοις αὐτῆς μετεῖναι, κεῖσθαι δὲ πρὸς αὐταῖς ἀνατολαῖς καὶ πρὸς ἀνίσχοντι ἡλίῳ. (GCS Eusebius II/2, 937,8-11; 938,1f.5-9 Schwartz; Übersetzung A. Bigelmair, BKV Eusebius I, 301f.).

Diese Unterhaltung verdeutlicht zweierlei: Sie zeigt nicht nur, daß dem römischen Statthalter in Cäsarea der ursprüngliche Name Aelia Capitolinas unbekannt sein konnte. Sie spiegelt auch die Absicht des Pamphilus wider, eher das himmlische als das irdische Jerusalem als seine wirkliche Heimat zu bezeichnen – eine typisch christliche Einstellung in der vorkonstantinischen Epoche[3]. Übrigens war der Statthalter nicht der letzte, dem die geographische Lage Jerusalems unbekannt war. Als meine Frau und ich vor etwa zwanzig Jahren einer bekannten amerikanischen Dichterin erzählten, wir kämen aus Jerusalem, fragte sie: „Ist das weit entfernt von Israel?"

Die Idee eines himmlischen Jerusalem als Abbild des irdischen ist ursprünglich jüdisch und verdankt ihre zentrale Stellung in der christlichen Literatur der Tatsache, in die Offenbarung des Johannes aufgenommen und dort fortentwickelt worden zu sein. Ebenso wie der Hebräerbrief hat diese Schrift eine Sicht vom himmlischen Jerusalem als dem perfekten Bild begründet, von dem das irdische Jerusalem allenfalls eine blasse Kopie darstellte[4]. In christlichen Denkstrukturen erlangte das himmlische oder neue Jerusalem rasch Unabhängigkeit vom irdischen Jerusalem, ein Phänomen ohne Parallele in den jüdischen Interpretationen.

Die herausgehobene Stellung Jerusalems stammte nicht nur daher, Wiege der ersten christlichen Gemeinde, der Mutterkirche

---

[3] P. Walker, Jerusalem and the Holy Land in the Fourth Century, in: A.O. Maloney et al. (edd.), The Christian Heritage in the Holy Land, London 1995, 23f. Vgl. E.D. Hunt, Holy Land Pilgrimage in the Later Roman Empire, A.D. 312-460, Oxford 1984, 4f.

[4] Zur Idee des himmlischen Jerusalem siehe E. Lamirande, Art. Jérusalem céleste, D.S. Bd. VIII, Paris 1974, 944-958 (Lit.); W.D. Davies, Jerusalem and the Land in the Christian Tradition, in: M.H. Tanenbaum/R.J.Z. Werblowsky (edd.), The Jerusalem Colloquium on Religion, Peoplehood, Nation and Land, Jerusalem 1972, 115-157; W.D. Davies, The Gospel and the Land. Early Christianity and Jewish Territorial Doctrine, Sheffield 1994.

gewesen zu sein. Rasch erreichte es legendären Charakter. In
verschiedenen Schichten der frühchristlichen Literatur, z.B. in
einigen Texten der neutestamentlichen Apokryphen, wurde insbesondere der Ölberg zum legendären Begegnungsort zwischen
dem Auferstandenen und seinen Jüngern. Seit Sacharia 14,4,
dem einzigen Verweis in der Hebräischen Bibel, hatte sich der
Ölberg zu einer bedeutenden eschatologischen Größe entwik-
kelt. Im christlichen Bewußtsein wurde der Ölberg daher vom
Fluch über Jerusalem ausgenommen[5]. Golgatha war nicht einfach der Kreuzigungsort Jesu, sondern wurde – in Übernahme
einer jüdischen Tradition vom Tempelberg – bald auch mit der
Grabstätte Adams identifiziert. Das früheste christliche Verständnis Jerusalems als ὀμφαλός bedeutete, nicht nur Zentrum der
bewohnten Welt zu sein – der οἰκουμένη, wie in Karten des
Mittelalters dargestellt – sondern auch der *locus* einer direkten
Verbindung zwischen Himmel und Erde. Im fünften Jahrhun-
dert beispielsweise war das christliche Jerusalem ein Ort, an dem
Briefe vom Himmel fallen konnten. Dies machte neue göttliche
Offenbarungen möglich[6].

Die Lobgesänge über *Urbs beata Hierusalem* in mittelalterlichen Hymnen und religiöser Dichtung beziehen sich auf die
himmlische Stadt, nicht auf ihre irdische *figura*. Diese doppelte
Natur Jerusalems und genauer die dialektische Beziehung zwischen irdischem und himmlischem Jerusalem ist entscheidend,
um jedes Verhältnis zur Heiligen Stadt im Mittelalter zu verstehen[7].

---

[5] Siehe O. Limor, The Place of the End. Eschatological Geography in
    Jerusalem, in: B. Kühnel (ed.), The Real and Ideal Jerusalem in
    Jewish, Christian and Islamic art. Studies in Honor of Bezalel Narkiss
    on the Occasion of his 70. Birthday, Jerusalem 1998, 13-22.
[6] Siehe M. van Esbroek, La lettre sur le dimanche, descendue du ciel,
    in: ders., Aux origines de la dormition de la Vierge, London 1995, nr.
    XIII.
[7] Siehe K.L. Schmidt, Jerusalem als Urbild und Abbild, in: O. Fröbe-
    Kapteyn (Hg.), Aus der Welt der Urbilder. Sonderband für C.G. Jung

In der frühchristlichen Literatur erscheint das irdische Jerusalem im Unterschied zu seinem himmlischen Pendant zwiespältig[8]. Die Schriften des Neuen Testamentes hatten das frühchristliche Denken über Jerusalem eindrücklich, doch ambivalent geprägt. Nach den Evangelien hatte Jesus die Zerstörung des Tempels vorhergesagt. Darüber hinaus symbolisierte Paulus' Karriere den Umzug der neuen Religion von Jerusalem nach Rom, aus einer unwichtigen Provinzstadt in die kaiserliche Hauptstadt – in einer von Henry Chadwick als „elliptisch" beschriebenen Bewegung[9]. Tatsächlich kann man in den ersten Jahrhunderten hauptsächlich einen Trend zur Entortung festhalten, welche dem irdischen Jerusalem – zumindest implizit – jegliche Bedeutung abspricht. Im christlichen Bewußtsein erhielt die Davidsstadt einen zutiefst zwiespältigen Platz: Seine Bewohner waren des Gottesmords schuldig. Die von Jesus prophezeite

---

zum fünfundsiebzigsten Geburtstag 26. Juli 1950, ErJb 18, Zürich 1950, 207-248. Vgl. außerdem die wichtige Arbeit von B. Kühnel, From the earthly to the heavenly Jerusalem. Representations of the Holy City in Christian Art of the First Millenium, RQ.S 42, Rom/Freiburg/Wien 1987.

[8] Zu Jerusalem im frühesten christlichen Denken vgl. besonders N. Brox, Das ‚irdische Jerusalem' in der altchristlichen Theologie, Kairos 28, 1986, 152-173. Brox betont richtig das Thema der Mutterkirche in Jerusalem als regulierendes Modell in der patristischen Literatur und seine Bedeutung bei der Entwicklung des monastischen Ideals. Vgl. auch P.C. Bori, La référence à la communauté de Jérusalem dans les sources chrétiennes orientales et occidentales jusqu'au cinquième siècle, Ist. 19, 1974, 31-48. Weiterhin vgl. den Aufsatz von P. Fredriksen in: N. Rosovsky (ed.), City of the Great King. Jerusalem from David to the Present, Cambridge, Mass. 1996. Zum ambivalenten Status Jerusalems im frühchristlichen Denken siehe G. Stroumsa, Which Jerusalem?, Cathedra 11, 1979, 119-124 (Hebräisch). Schließlich K. Thraede, Art. Jerusalem II. Sinnbild, RAC XVII, Stuttgart 1996, Sp. 718-764.

[9] H. Chadwick, The Circle and the Ellipse. Rival Concepts of Authority in the Early Church, in: ders., History and Thought of the Early Church, London 1982, cap. 1.

Tempelzerstörung wurde rasch als göttliche Strafe aufgefaßt, die die Stadt für dieses Verbrechen ereilt hatte.

Ein Anzeichen für die Kontinuität dieser Ambivalenz Jerusalems im christlichen Bewußtsein mag vielleicht dadurch widergespiegelt werden, daß, obwohl in den USA mindestens fünf „Bethlehems" existieren, das einzige andere Jerusalem, das ich im Atlas ausfindig machen konnte, in Olutanga gelegen ist, einem kleinen, abgelegenen Eiland der südlichen Philippinen.

Die Konstantinische Wende brachte den Wiederaufbau Jerusalems als Heilige Stadt, seine *renovatio* mit sich, hauptsächlich durch den Bau der Basilika der *Anastasis*. Durch drei Jahrhunderte hindurch, bis zur islamischen Eroberung, sollte das byzantinische Jerusalem mit irdischen wie auch himmlischen Ehren gekrönt und mit Kirchen und Heiligtümern geziert werden. Einerseits brachte man der Kirche großen Respekt entgegen, andererseits entwickelte sie sich zu einem Zentrum bemerkenswerten spirituellen Einflusses. Nicht nur in Jerusalem, sondern in ganz Palästina wurden Heilige Stätten entdeckt, die das Land im fünften und sechsten Jahrhundert rasch in eine *terra sancta*, ein „Heiliges Land" verwandelten – wie es Robert Wilken so anschaulich beschrieben hat[10].

Und dennoch: der Tempelberg lag brach, bis im siebenten Jahrhundert auf seinen Ruinen die *Kubbat a-Sahra*, der Felsendom errichtet wurde. Dieses Gebäude ist das älteste erhaltene Bauwerk der islamischen Kultur und das bis heute ergreifendste Monument Jerusalems. Nach der zuerst im Hebräerbrief begründeten Theologie war Jesus zugleich Hohepriester und Opfer. Sein Leib war der neue Tempel. Daraus resultierte die theologisch zentrale Position der konstantinischen Kirche der *Anastasis*: sie sollte den Tempel ersetzen[11].

---

10 Siehe R. Wilken, The Land Called Holy: Palestine in Christian History and Thought, New Haven 1992, 149-172.

11 Siehe J.Z. Smith, To Take Place. Toward theory in ritual, Chicago/London 1986.

Bekanntermaßen spielte sich selbst die Entstehung christlichen Wallfahrerwesens zu Heiligem Land und Heiliger Stadt im vierten Jahrhundert gegen einen Hintergrund unterschiedlicher Vorbehalte und Widersprüche seitens verschiedener führender Kirchenväter ab[12]. So ist es auf dialektische Art und Weise diese Bewegung zurück zur Stadt, die den Weg freimachte, Jerusalem – oder genauer: nur das Heilige Grab, sein christliches Herz – in verschiedenen Städten Westeuropas nachzubauen. Meist von Persönlichkeiten wie Bischöfen, Rückkehrern von Pilgerfahrten, errichtet, ermöglichten diese Repliken denen, die selbst keine Wallfahrt unternehmen konnten, Jerusalem zu erfahren, ohne selbst die Heimat zu verlassen, ganz als wäre es „in der Fremde zuhaus". Man kann daher sagen, daß das Heilige Grab den Nukleus des entstehenden „kulturellen Gedächtnisses" des christlichen Volkes repräsentierte. Seine symbolische Reproduktion in ganz Europa reflektiert Aufbau und Institutionalisierung dieses Gedächtnisses.

Sowohl die Idee eines himmlischen Jerusalem als auch seine Reproduktionen stellen gewissermaßen zwei unterschiedliche Versinnbildlichungen Jerusalems dar, die dem Selbstverständnis der Kirche als *verus Israel* entsprechen: Wenn der Name „Israel" Christusgläubige meint, zieht dies nach sich, daß die bisherigen Eigentümer ihrer Identität beraubt werden. Wenn das wahre Jerusalem im Himmel oder sonstwo auf Erden gelegen ist, hat die alte Stadt im judäischen Bergland ihre einzigartige Bedeutung eingebüßt. Die De-Sakralisierung Judäas als Raum kann allerdings auch als Schattenseite der Sakralisierung europäischen Bodens gesehen werden: Jerusalem ist nun nicht nur in den Worten Oleg Grabars „anderswo", sondern „überall". Daneben gibt es noch eine andere Seite der radikalen Metamorphose Jerusalems: Die zahlreichen Bedeutungen und Beziehungen des

---

[12] Siehe E.D. Hunt, Holy Land Pilgrimage (wie Anm. 3), 88-92. Vgl. dazu auch B. Biton-Ashkelony, Pilgrimage (wie Anm. 65).

Namens symbolisieren die spirituelle Eroberung eines ganzen Kontinents durch den Glauben judäischer Herkunft.

Im folgenden werde ich mich auf die Beziehungen zwischen zwei überraschend unterschiedlichen Phänomenen konzentrieren, den Repliken des Heiligen Grabes und der Metapher vom himmlischen Jerusalem. Beide reflektieren zentrale Aspekte der Metamorphose Jerusalems im mittelalterlichen Bewußtsein, oder wie man es auf Französisch auszudrücken pflegt: „l'imaginaire médiéval". Zwar sind beide Phänomene oft und genau untersucht worden. Merkwürdigerweise jedoch sind sie noch nie parallel, in ihrer möglichen Relation zueinander angepackt worden. Dies ist genau, was hier unternommen werden soll. Zuerst werde ich das faszinierende Phänomen angehen, die Heiligen Stätten zu kopieren, die mittelalterliche *translatio* Jerusalems nach verschiedenen europäischen Städten. Anschließend werde ich die Idee eines neuen oder himmlischen Jerusalem und seiner Metaphern, die in der geistlichen und mystischen christlichen Literatur seit der patristischen Epoche so populär waren, untersuchen. *Prima facie* scheinen diese beiden Arten, Jerusalem zu „entwurzeln", nicht miteinander zusammenzuhängen. Die eine reflektiert gewissermaßen eine Überdosis der räumlichen, irdischen Dimensionen Jerusalems, während die andere das genaue Gegenteil darstellt. Ich behaupte, daß die beiden Phänomene wie eine Art Pendel funktionierten und sich in den Denkstrukturen des Mittelalters dialektisch ergänzten. Mit anderen Worten, der Weg zum himmlischen Jerusalem führt weniger durch das irdische als durch die zahlreichen, in ganz Westeuropa verbreiteten Jerusaleme.

Ich muß hinzufügen, daß diese Phänomene in Byzanz kein echtes Gegenstück haben. Die komplexen Gründe dafür verdeutlichen den breiten Graben zwischen Ost- und Westkirche. Insbesondere der Status Konstantinopels als des neuen Jerusalem hat im Westen keine Entsprechung gefunden. Auch der *Iter Hierosolymae* der Kreuzritter hat natürlich kein byzantinisches Pendant. In gewisser Weise wurde Rom seit dem vierten Jahrhundert als *nova Hierusalem* betrachtet. Bereits in der zweiten Hälfte des fünften Jahrhunderts wurde *Santa Croce in Gerusalemme* erbaut[13]. Über die Architektur hinaus erstreckte sich der hierosolymitanische Einfluß auch auf die Liturgik, insbesondere über die Osterzeit. Aber als Rom im Jahre 410 von Alarich geplündert wurde, konnte Augustin den Zusammenbruch der Hauptstadt des Imperiums ausgerechnet damit rechtfertigen, ihre heidnische Vergangenheit in Erinnerung zu rufen und radikal der *civitas Dei*, einem weiteren Namen für das himmlische Jerusalem, gegenüberzustellen. In gewisser Hinsicht wird dies eine Untersuchung der mythopoetischen Kraft Jerusalems in der religiösen Vorstellung Europas sein.

I.

Die Idee einer christlichen *translatio Hierosolymae* taucht zum ersten Mal bei Montanus auf, der nach Eusebius' Zeugnis „den Namen Jerusalems an Pepuza und Tymion, kleinen Städten in Phrygien, vergab"[14]. Wie Tertullian bestätigt, der den Montanismus aus eigener Erfahrung kannte, meinte man wohl, das himmlische Jerusalem sei auf Pepuza und Tymion hinabgestiegen. Es waren der häretische Status der Montanisten im dritten Jahrhundert und die christliche Erfindung des Heiligen Landes im vierten Jahrhundert, die eine Aufnahme der *translatio Hiero-*

---

[13] Siehe Ch. Auffarth, Himmlisches und irdisches Jerusalem. Ein religionswissenschaftlicher Versuch zur ‚Kreuzzugseschatologie', ZfR 1, 1993, (25-49. 91-118) 101-104.

[14] Eus., h.e. V 18,2: οὗτός ἐστιν ὁ διδάξας λύσεις γάμων, ὁ νηστείας νομοθετήσας, ὁ Πέπουζαν καὶ Τύμιον Ἰερουσαλὴμ ὀνομάσας (πόλεις δ' εἰσὶν αὗται μικραὶ τῆς Φρυγίας)· (GCS Eusebius II/1, 472,19-21 Schwartz). Zu Pepuza und Tymion siehe C. Trevett, Montanism. Gender, Authority and the New Prophecy, Cambridge 1996, 15-26; und Ch. Markschies, Nochmals: Wo lag Pepuza? Wo lag Tymion? Nebst einigen Bemerkungen zur Frühgeschichte des Montanismus, JbAC 37, 1994, 7-28.

solymae in der patristischen Literatur verhinderten. Nichtsdestoweniger verschwand diese Idee nie vollständig und erhielt sich durch die christliche Geschichte als Charakteristikum sektiererischer Eschatologien bis ins Rußland des neunzehnten Jahrhunderts, wo die Sekte „Neues Zion" das Herabkommen des himmlischen Jerusalem erwartete[15].

Wenn, wie von den Montanisten behauptet, das neue Jerusalem vom Himmel auf Pepuza herabsteigen kann, wer braucht dann noch die Stadt Davids[16]? Allerdings existierten „neue Zions" in unterschiedlichen kulturellen Umgebungen. Berühmt sind die aus dem Fels geschnittenen Kirchen im äthiopischen Lâlibalâ. Dieses neue Jerusalem wurde ein wichtiges Wallfahrtsziel, als der Zugang zu Axum versperrt war[17]. In der Moderne denkt man zumeist an baptistische Kirchen im Süden der Vereinigten Staaten oder in Schwarzafrika oder auch an die Swedenborgischen Kirchen des „Neuen Jerusalem"[18]. Es ist wichtig zu betonen, daß die Idee der *translatio* des Heiligen Landes nach Europa nicht auf das Heilige Grab oder Jerusalem beschränkt war. Im letzten Jahrzehnt des dreizehnten Jahrhunderts wurde z.B. das Haus der Heiligen Jungfrau Maria von Nazareth nach Tersatz in Dalmatien und von dort nach Loreto bei Ancona verschifft[19].

---

[15] Siehe P. Kovalevsky, Messianisme et milléniarisme russes?, ASSR 5, Paris 1958, 47-70.

[16] Zu den montanistischen Vorstellungen vom himmlischen Jerusalem, siehe P. de Labriolle, La crise montaniste, Paris 1913, 86-95.330-332.

[17] Vgl. z.B. M. Heldman, Legends of Lâlibalâ. The Development of an Ethiopian Pilgrimage Site, RES 27, 1995, 25-38.

[18] Zur Bedeutung des himmlischen Jerusalem im Denken Emmanuel Swedenborgs vgl. z.B. sein Werk „Wahre christliche Religion", § 782. Das *Buch Mormon* präsentiert ein weiteres Modell, nach dem sich eine moderne religiöse Bewegung aus der protestantischen Christenheit als das „Neue Jerusalem" versteht.

[19] Ein zeitgenössisches ähnlich merkwürdiges Phänomen ist die Replik des Hauses des verstorbenen Lubavitcher Rebbe in Brooklyn, die kürzlich im 1:1 Maßstab in Kfar Chabad in Israel erbaut wurde.

Seit der karolingischen Ära konnte der symbolische Transfer
eines Schreins aus dem Heiligen Land Prestige und Ansehen in
beachtlichen Ausmaßen an geistige und politische Zentren des
Westens übertragen[20]. Das wohl früheste und klarste Beispiel ist
Aachen, wo die politischen Interessen besonders groß waren.
Karl der Große wollte, daß Aachen in einer Reihe mit Jerusalem,
Rom und Konstantinopel gesehen werde. Die *Libri Carolini*
nennen die Stadt *sedes Davidica* und Neues Jerusalem. Hier
steht die *translatio* direkt für den politischen Anspruch Karls,
Konstantins und letztendlich Salomos Nachfolger zu sein. Daneben hatte Karl im Wettlauf gegen den byzantinischen Kaiser
gewonnen und von Harun al Rashid eine Art Protektorat über
die christlichen heiligen Orte Jerusalems erhalten, mit dem Recht,
ξενοδοχεία für westliche Wallfahrer zu errichten[21]. Nach Eusebius
sollte die Anastasis „einen Gegenstand allgemeiner Verehrung
sichtbar machen", das Heilige Grab. Dementsprechend wurde
die Rotunde der Aachener Kirche, die *Capella Palatina* Karls,
typologisch mit der Grabeskirche verbunden[22]. In diesem Zusammenhang möchte ich auch Orléans nennen, wo am Vor-
abend des Jahres 1000 ein weinendes Kreuz gesehen worden
war[23]. Im Kontext der sich wandelnden Religiosität zur Jahrtau-
sendwende wurde ein solches Wunder von einigen für die Pro-
phezeiung „weit größerer Dinge gehalten, einer Art *translatio
Hierosolymae*, in welcher Orléans die Rolle des Neuen Jerusalem spielen würde"[24].

---

[20]   S. Nichols, Romanesque Signs: Early Medieval Narrative and Icono-
       graphy, New Haven, Conn. 1983. Sie streicht heraus, daß Erneuerung
       und Übertragung eng mit künstlerischem Schaffen verbunden sind
       (75).
[21]   Nichols, Romanesque Signs (wie Anm. 20), 70.
[22]   Nichols, Romanesque Signs (wie Anm. 20), 70.
[23]   Zu Orléans siehe R. Landes, Relics, Apocalypse and the Deceits of
       History, Cambridge, Mass. 1995, 304, und Nichols, Romanesque
       Signs (wie Anm. 20), 75.
[24]   Landes, Relics (wie Anm. 23), 304.

Der weitreichendste Versuch, eine solche *translatio* zu konkretisieren, war die wirkliche Erbauung einer Stadt nach dem ideellen Plan Jerusalems. Das himmlische Jerusalem wurde oft als *urbs quadrata* oder aber als Kreis dargestellt, und die sakrale Topographie der Stadt konnte als geistige Landkarte in der Art eines Mandalas wahrgenommen werden, welche an das Zentrum des christlichen Glaubens erinnerte und einen unmittelbaren Meditationsgegenstand bot[25]. Ein treffendes Beispiel ist Konstanz, das von Christoph Auffarth in seiner Studie über die Bedeutung Jerusalems in der präsentischen Eschatologie im Gefolge der Kreuzzüge erwähnt wird. Auffarth zeigt, daß sich diese geistigen Landkarten als *loci* von Wallfahrten auch zu geistigen Kalendern entwickelten[26].

Vom frühen neunten bis zum frühen zwölften Jahrhundert wurden in Westeuropa mindestens neunzehn Kirchen bewußt als Kopien des Heiligen Grabes in seinen Hauptcharakteristika erbaut[27]. Die ersten dieser Bauten wurden in einem kleineren Maßstab als das Original errichtet. So wurde z.B. St. Moritz in Konstanz zwischen 934 und 976 nach dem Plan der Kirche St. Michael in Fulda erbaut, die schon 820 als Kopie der *Anastasis* errichtet worden war. Konrad, der Bischof von Konstanz, war zur heiligen Stadt gepilgert. In seiner *vita* (datiert ins Jahr 1123) findet die Rekonstruktion des Heiligen Grabes mit wundervoller Goldschmiedearbeit, *mirabili aurificis opere*, Erwähnung[28].

---

[25] Auffarth, Jerusalem (wie Anm. 13), 98-100. Die Hauptrichtung von Auffarths gelehrter Untersuchung unterstreicht die Bedeutung der mittelalterlichen präsentischen Eschatologie und der Vorstellung von Jerusalem für die Entstehung der Kreuzzüge.

[26] Auffarth, Jerusalem (wie Anm. 13), 104.

[27] Für zahlreiche weitere Kopien der Grabeskirche in Italien, siehe D. Neri, Il S. Sepolcro riprodotto in Occidente, Quaderni de „la terra santa", Jerusalem 1971, Kapitel 10-12, der auf Kirchenbauten in Rom und Florenz, in der Toscana und in Granada verweist.

[28] Siehe L. Kötzsche, Das Heilige Grab in Jerusalem und seine Nachfolge, in: H. Budde/A. Nachama (Hgg.), Die Reise nach Jerusalem. Eine

Die Bußdorfkirche Paderborns, zwischen 1033 und 1036 errichtet, ist die erste, die *ad mensuras ejusdem ecclesiae et sancti
Sepulchri* erbaut wurde. Allerdings ist die älteste Kirche dieser Art
wahrscheinlich die Kirche des Heiligen Grabes in Narbonne, erbaut im fünften Jahrhundert in weißem pyrenäischen Marmor.
Die erste wirkliche Kopie des Jerusalemer Grabes, komplett mit
Vorkammer, wurde in Eichstätt von Dompropst Walbrun um
1160 gebaut[29]. Unzählig sind die Beispiele ähnlicher Kirchen im
zwölften Jahrhundert, von Northampton und Cambridge bis
Augsburg. Dazu gibt es zehn Rundkirchen, erbaut von Templern
und Hospitaliern, und schließlich das Baptisterium in Pisa[30]. Diese
das Heilige Grab imitierenden Kirchen drücken die Verehrung für
das erste Heiligtum der Christenheit aus.

Ein Paradebeispiel für ein neues Zion in Europa ist die *Chiesa
di Santo Stefano* in Bologna. Auch *Sancta Jerusalem Bononiensis*
genannt, ist sie eine der ersten und unbezweifelbar die berühm-
teste der vielen gleichartigen Kirchen in Westeuropa. *Santo
Stefano rotondo* war als Replik der *Anastasis* gedacht, aber
gleichzeitig sollte sie auf das *Hierusalem coelestis* und auf die
Santa Maria Rotonda in Rom, d.h. das Pantheon hinweisen.
Nach der Tradition hat Petronius, der von ca. 431-450 Bischof
Bolognas war, in seiner Stadt eine dem Protomärtyrer St. Ste-
phan geweihte Replik des Heiligen Grabes erbaut, nachdem er
von einer Wallfahrt ins Heilige Land zurückgekehrt war. Gewis-

---

    kulturhistorische Exkursion in die Stadt der Städte – 3000 Jahre
    Davidsstadt. Eine Ausstellung der 9. Jüdischen Kulturtage in der
    Großen Orangerie Schloß Charlottenburg Berlin (vom 22. November
    1995 bis 29. Februar 1996), Berlin 1995, (64-75) 70f.

[29] Zu den Grabanlagen in Eichstätt vgl. G. Dalman, Das Grab Christi
    in Deutschland, SCD 14, Leipzig 1922, 56-65.

[30] G. Bresc-Bautier, Les imitations du Saint Sépulchre de Jérusalem
    (9e-15e s.). Archéologie d'une dévotion, Revue de l'Histoire de la
    Spiritualité 50, 1974, 319-342, passim. Siehe nun H. Brandenburg,
    Die Kirche S. Stefano Rotondo in Rom, HLV 2; Berlin/New York
    1998.

sermaßen ist diese Kopie ein εἴδωλον Jerusalems, sozusagen ein „Taschenjerusalem", dessen Zweck es war, an den ὀμφαλός, das große Original zu erinnern[31]. Eine Abbildung des Petronius, dem Patron Bolognas, stellt ihn dar als den, der die Stadt in seiner Hand hält. Bologna ist so als *forma orbis* dargestellt, in gewisser Hinsicht Jerusalem ähnelnd[32]. Der Name Jerusalem für die petronische Kirche in Bologna wird zum ersten Mal in einer Urkunde von Karl dem Großen aus dem Jahr 887 bezeugt. Sie bestätigt Wibodus, dem Bischof Parmas, den Erwerb verschiedener Kirchen Bolognas, einschließlich *Sanctum Stefanum qui dicitur Sancta Hierusalem*[33]. Die früheste Erwähnung eines *Hierusalem* überhaupt scheint auf ein Dokument aus dem Jahre 716 zurückzugehen. Es verweist auf die Kirche *Sancti Andrei, ubi est baptisterium, una cum ecclesia Sancta Hierusalem*[34].

Die zahlreichen Forscher, die den eindrucksvollen Komplex in seiner Architektur und Geschichte untersucht haben, haben übereinstimmend festgestellt, daß er sich sehr von vielen anderen Rundkirchen, Imitationen oder Kopien der Rotunde des Heiligen Grabes (oder eher noch Kopien eines idealisierten Heiligen Grabes) unterscheidet. Die heute existierende Kirche scheint auf den Ruinen eines früheren römischen Gebäudes errichtet wor-

---

[31] Siehe R.G. Ousterhout, The Church of Santo Stefano: a ‚Jerusalem' in Bologna, Gesta 20, 1981, (311-321) 312.

[32] Siehe F. Filippini, S. Petronio, vescovo di Bologna, Bologna 1948, 48, zur religiösen Bedeutung des petronischen Jerusalem.

[33] Siehe I.B. Supino, L'arte nelle chiese di Bologna, Bd. 1, Bologna 1990 (= 1932), 45; weiterhin M. Fonti, Il Carrobio 10, 1984, 122-131, zur Umformung von Symbolen. Der Name „Jerusalem" kann eventuell sogar auf die lombardischen Könige Liutprand und Ildebrand (736-744) zurückführen, siehe F. Lanzoni, San Petronio, vescovo di Bologna, Roma 1907, 104-118.

[34] Siehe A. Sorbelli, La ‚Sancta Jerusalem' Stefania, L'archiginnasio. Bollettino della Biblioteca Comunale di Bologna 35, Bologna 1940, (14-28) 15. Ich möchte mich an diesem Ort bei Saverio Marchignoli für die Zusendung von wichtigem Material aus Bologna bedanken.

den zu sein, das aus den Tagen des Hl. Petronius stammen
könnte. Bekanntermaßen hat Konstantin X. Monomachos im
Jahre 1048 die Kirche der *Anastasis* wiederaufgebaut, die 1009
durch Kalif Al-Hakim zerstört worden war. Die Kreuzfahrer
wiederum setzten von 1099 bis 1161 ausgedehnte Wiederauf-
bauarbeiten am Heiligen Grab in Gang. Der Grundriß S. Stefanos
beruht auf dem Zustand vor den weitreichenden Bauaktivitäten
der Kreuzfahrer. Bis heute bleibt die Kirche Bolognas daher das
einzige reale Zeugnis für die Urform der *Anastasis*. Diese Urform
ist genau bekannt, da Pläne des Heiligen Grabes, ähnlich denen,
die der Pilger Arculf im siebenten Jahrhundert gezeichnet hatte,
von den Kreuzfahrern zurück nach Europa gebracht worden
waren.

Aber die Kirche stand nicht für sich allein. *Sancta Hierusalem*
bestand ursprünglich aus einer Imitation der unterschiedlichen
Heiligen Stätten Jerusalems, die im Osten Bolognas geschaffen
worden war. Bereits im zehnten Jahrhundert wird *San Giovanni
in Monte Oliveti* erwähnt, ebenso *S. Tecla*, die *in similitudine*
zum Tal Josaphats erbaut worden war, dessen Identifizierung
mit dem Kidrontal bereits in Eusebius' *Onomastikon* bezeugt
ist. Dieses *Valle di Giosafat* befindet sich zwischen der *Oliveti*
und der *Sancta Hierusalem*, stimmt mit anderen Worten also mit
der Topographie Jerusalems überein. Allerdings entspricht die
Behauptung, daß die Distanz zwischen den verschiedenen Plät-
zen die der Originale in Jerusalem exakt widerspiegelt, nicht
ganz den Tatsachen. Die Entfernung zwischen *S. Giovanni in
Monte Oliveti* und *S. Stefano* unterscheidet sich in fast einem
Kilometer von der Entfernung zwischen der Anastasis und dem
Ölberg. Die Quellen erwähnen ein Hakeldama-Feld und einen
Siloah-Teich, lassen uns aber über ihren Ort im Ungewissen. Der
ganze Komplex war also als eine Art „theme-park" geschaffen
worden, als erstes Eurodisney, das eine Kopie Jerusalems, seiner
Hügel und Täler darstellte und ohne Reiseunannehmlichkeiten
einen kurzen Ausflug ins legendäre Heilige Land ermöglichte.
Dies war das neue Jerusalem, weder ein maßstabsgetreues Mo-

dell des irdischen Jerusalem noch völlig aus der Phantasie gegriffen. Tatsächlich begreifen weder ‚Modell' noch ‚Mythos' ganz das Wesen dieses rekonstruierten Jerusalem; ebensowenig wie diese Begriffe zu den Stadtplänen Jerusalems passen, die durch Jahrhunderte hindurch von Pilgern und Reisenden gezeichnet worden waren. Sein bezeichnendster Charakterzug liegt eher in dem, was man als *Vergegenwärtigung* der Heiligen Stadt bezeichnen könnte.

Zunächst war die Kirche des Hl. Stefan an sich nicht mit einer detaillierten symbolischen Deutung auf das Heilige Grab umgeben. Diese wurde erst später von den benediktinischen Wiedererbauern hinzugefügt. Es bietet sich an, den ersten Kreuzzug als Impulsgeber für die Rekonstruktion *Sancta Hierusalem*s zu vermuten. Wir wissen um die Begeisterung, die der erste Kreuzzug unter den Bolognesern weckte[35]. Mit der Rückkehr der ersten Kreuzritter aus der befreiten Heiligen Stadt war die Zeit reif für eine neue symbolische Deutung, mächtiger und umfassender als die frühere, eine Tradition, die selbst aus den ersten Wallfahrten ins Heilige Land entsprungen war.

Die *Nuova Gerusalemme* hingegen sollte mehr sein als eine bloße Kopie oder ein Souvenir der Heiligen Stadt. Nach dem Zeugnis unserer Quellen hatte sie eindeutig liturgische Dimensionen. Seit dem zwölften Jahrhundert wissen wir um Prozessionen von *S. Stefano* zu *S. Giovanni in Monte*, die durch zurückkehrende Kreuzritter organisiert wurden. Im Mittelalter fanden in *S. Stefano* auch Osterzeremonien, einschließlich einer *adoratio crucis* statt, die dem Kult des Heiligen Kreuzes zu Jerusalem abgeschaut waren. Im zwölften Jahrhundert wies die Gestalt *S. Stefano*s eine klare, spezifisch auf Jerusalem und seine Heiligen Stätten bezogene Linie auf. Mit ihren architektonischen und liturgischen Imitationen bezeichnete sie den Bürgern Bolognas eine sichtbare Verbindung mit Jerusalem, sowohl als Heiliger Stadt als auch als himmlischer Vision.

---

[35] Siehe Ousterhout, The Church of Santo Stefano (wie Anm. 31).

Die liturgischen Dimensionen der *memoriae* Jerusalems ermöglichten die Aufführung von Passionsfestspielen[36]. Auch hier zeigen die Entwicklungen eine große Ambivalenz. In der Mitte des dreizehnten Jahrhunderts führte Urban IV. das Fronleichnamfest ein, u.a. um seinem privaten Interesse am Heiligen Grab Ausdruck zu verleihen. Aber bereits im karolingischen Frankreich des neunten Jahrhunderts sind die unterschiedlichsten liturgischen Verbindungen zu Jerusalem zu beobachten, z.B. die Palmsonntagsprozession. Wir erinnern uns an die Kopie des Heiligen Kreuzes in Bologna, das in *Santa Croce* an einem besonderen Platz, Golgatha genannt, aufbewahrt wurde. Dies könnte der Ort für eine *adoratio crucis* gewesen sein, ähnlich der von Egeria beschriebenen Erhöhung des Kreuzes am Gründonnerstag, bei der die Reliquie des Heiligen Kreuzes den Gläubigen präsentiert wurde, um geküßt zu werden[37]. Im zehnten Jahrhundert wurden an Orten wie Sankt Gallen oder Limoges Hymnen der *visitatio sepulchri* gesungen[38]. Alles in allem erkennt die christliche Liturgie eine direkte Beziehung zwischen räumlichen und zeitlichen Dimensionen kultischen Handelns an. Besonders aufmerksam machen möchte ich darauf, daß die Liturgien zum Gedenken bestimmter Ereignisse, wie Mariae Verkündigung oder der Geburt Jesu, die gewöhnlich einmal im Jahr begangen werden, am Ort des Geschehens zu *jeder beliebigen Zeit* gefeiert werden dürfen[39].

---

[36] Zur Entstehung des mittelalterlichen Fronleichnamfestes vgl. M. Rubin, Corpus Christi, Cambridge 1991.

[37] Ousterhout, The Church of Santo Stefano (wie Anm. 31), 316f. Das Ritual der Kreuzeserhöhung am 14. September wurde 614 in Konstantinopel eingeführt und wurde auch anderenorts im siebenten Jahrhundert populär. Dies wird z.B. einsichtig aus Leontius von Neapel, Leben von Simeon, dem Narren. Vgl. D. Krueger, Symeon the Holy Fool. Leontius' Life and the Late Antique City, Berkeley 1996, 17.

[38] Siehe Bresc-Bautier, Les imitations du Saint Sépulchre (wie Anm. 30), 323.

[39] Ich danke Laurence Vianès, der mich auf diesen Punkt aufmerksam gemacht hat.

In diesen Zusammenhang sollte man auch die Entwicklung von Passionsspielen einordnen: Jerusalem ist überall. Die Wiederherstellung seines zentralen Heiligtums spielt eine ähnliche Rolle wie das Nachspielen der in ihm bedachten Ereignisse. In Westeuropa waren Spiele über Besuche des Heiligen Grabes gang und gäbe[40]. Die Verbreitung dieser Kirchen bezeugt zweifelsohne das durch die Kreuzzüge neuerwachte Interesse am irdischen Jerusalem. Saladins Eroberung Jerusalems brachte den Drang, Kirchen dieser Art zu bauen, zum Stillstand. Das Fehlen einer parallelen Erscheinung in Byzanz ist nicht verwunderlich. Allerdings bleibt zu fragen, in welchem Ausmaß der Kult dieser Kirchen die Bande der Gläubigen mit der Heiligen Stadt schwächte oder festigte. Das Heilige Grab wurde in Westeuropa verehrt und war nicht länger in Jerusalem verortet. Und die Passion Jesu Christi, die *via crucis*, konnte allenorts nachgespielt werden[41].

Die Idee der *via dolorosa* ist eine Erfindung der Franziskaner, die im Mittelalter von Europa nach Jerusalem importiert wurde. Das Gleiche gilt für den Ritus der Kreuzesabnahme, der Jerusalem erst im sechzehnten Jahrhundert erreichte. Gewissermaßen ist es die Wiedererlangung Jerusalems im Christentum des Mittelalters, die dialektisch seine ‚Aufhebung‘ und die Umwandlung des religiösen Gedächtnisses mit sich brachte. Paradoxerweise spielten also die *memoriae* Jerusalems eine Rolle darin, die Bedeutung der realen Heiligen Stadt im christlichen Bewußtsein zu schmälern[42].

Im „Calvaries of Convenience" betitelten Kapitel seines letzten Buches „Landscape and Memory" konzentriert sich Simon Schama auf Berge, die im Zuge des Mittelalters in symbolische

---

[40] Ousterhout, The Church of Santo Stefano (wie Anm. 31), 317.
[41] Bresc-Bautier, Les imitations du Saint-Sépulchre (wie Anm. 30), 321.
[42] Für eine wunderbare Beschreibung, auf welche Weisen sich (in einer anderen Epoche) das Gedächtnis gedanklicher Vorstellungen bedient, siehe J. Spencer, The Memory Palace of Matteo Ricci, New York 1984.

Golgathas umgewandelt wurden[43]. Er beginnt seine Analyse mit
Monte Verna, dem Berg in Piemont, der vom Hl. Franziskus
1224 als Alternative zu Golgatha gewählt worden war, wo er die
Zeichen des Kreuzes empfing. „Und Gottes Willen gemäß, sollte
dies auf Monte Verna greifbar werden, denn dort war die Passion unseres Herrn Jesu Christi durch Liebe und Glaube in der
Seele des Hl. Franziskus erneuert worden". In den kommenden
Jahrhunderten sollten sich die Franziskaner aufmachen, Berge in
inspirierende Theater umzuwandeln. Schama erwähnt den Fall
des Franziskanerbruders Bernadino Caimi, der in seiner Zeit als
Patriarch des Heiligen Landes den echten Zionsberg gesehen
hatte. Er bestimmte im Jahre 1486, auf Monte Verna eine noch
leichter zugängliche Version zu schaffen. Caimi errichtete verschiedene Kapellen, mit Namen wie „Nazareth" oder „Bethle-
hem", und stattete sie mit Tafeln aus, die die parallelen Lebens-
läufe von Jesus und Franziskus hervorhoben. Auf ihrem Aufstieg
verweilten Pilger in diesen Kapellen zu Gebet und Besinnung.
Monte Verna wurde daher nicht nur in ein neues Golgatha
verwandelt, sondern in ein neues, symbolisches Heiliges Land.
Dieser Vorgang unterstreicht den abstrakten Zug (oder die
Spiritualisierung) der Idee vom Heiligen Land im Mittelalter[44].

---

[43] S. Schama, Landscape and Memory, New York 1995, 436-442.
      Deutsch erschien das Buch von S. Schama unter dem Titel: Der
      Traum von der Wildnis. Natur als Imagination, München 1996.

[44] Siehe G. Constable, Opposition to Pilgrimage in the Middle Ages, in:
      St. Kuttner, Mélanges G. Fransen, Studia Gratiana 19, Roma 1976,
      125-146 (= G. Constable, Religious Life and Thought [11th-12th
      Centuries], London 1979). Für phänomenologische Parallelen vgl.
      Rocamadour, der bis auf den heutigen Tag von Pilgern auf den Knien
      erstiegen wird, oder – in größerer Entfernung – den buddhistischen
      Tempel in Borobudur. Schama behandelt ausgiebig den Mont Valérien
      bei Paris. Merkwürdigerweise übersieht er die jüngste Wandlung der
      Bedeutung des Mont Valérien, als er die Vernachlässigung des Berges
      im gequälten Europa behandelt. Die Festung, die hier im neunzehnten
      Jahrhundert erbaut worden war, wurde im Krieg zu einem Exekutions-
      platz für Untergrundkämpfer und Geiseln, die von der Wehrmacht

Die Frömmigkeit, die die Entwicklung der *via dolorosa* förderte, wandte sich gegen den Kern des *Iter Sancti Sepulchri* und der Frömmigkeit der Kreuzfahrer[45]. Es war die Liebe zur himmlischen Stadt, die Pilger und Kreuzfahrer Richtung irdisches Jerusalem in Bewegung setzte: *Terrestram celestis amore Jerusalem cum aliis currens.* Wie Bernard McGinn aufgezeigt hat, können wir die Macht, die der Name „Jerusalem" zur Zeit der ersten Kreuzzüge heraufbeschwor, nicht begreifen, wenn wir seine Bedeutungsbreite verkennen. So gab es in der Frömmigkeit der Kreuzfahrer, die eine Mischung von Heiligem Krieg und Wallfahrt unternahmen, auch Raum für *concordia*, den für eine Bußfahrt nötigen Herzensfrieden.

Diese Frömmigkeitsweise blieb allerdings nicht unangefochten. Das Aufkommen einer neuen, lokal orientierten Religiosität in Westeuropa neigte dazu, die Bedeutung oder die Notwendigkeit von Wallfahrten ins Heilige Land herabzusetzen oder sogar ganz zu negieren. Man kann im Mittelalter auch eine Gegenbewegung gegen die Kreuzzüge ausmachen[46]. Nach ihrem endgültigen Scheitern bereitete die Rückeroberung des irdischen Jerusalem den Weg für eine radikale Spiritualisierung des *Iter Sancti Sepulchri*.

II.

Das Scheitern der frühchristlichen apokalyptischen Bewegungen, sichtbar in der Einstufung der Montanisten als Häretiker und dem Vertagen *sine die* der Parusie, wirkte sich direkt auf die Jerusalemvorstellungen aus. Statt alternativer irdischer Ver-

---

gefangen worden waren. Dadurch daß der Berg nach dem Kriege zu einem alljährlichen Pilgerziel des französischen Staatschefs wurde, wurde der Berg von neuem als Golgatha legitimiert (Schama, Landscape [wie Anm. 43], 444).

[45] Siehe B. MacGinn, Iter Sancti Sepulchri. The Piety of the First Crusaders, in: B.K. Ladner/K.R. Philp (edd.), Essays on Medieval Civilisation, The Walter Prescott Webb memorial lectures 12, Austin, Tex. 1978, 33-71.

[46] Constable, Opposition to Pilgrimage (wie Anm. 44), 134-138.

ortungen oder der Idee einer eschatologischen *renovatio* entwik-
kelte sich die Metapher eines *geistigen* Jerusalem zur vorherr-
schenden Vorstellung frühchristlichen Denkens. Dieses Jerusalem war das wirkliche Heimatland des Christen, doch es befand
sich im Himmel. Freilich traten die frühchristlichen Schriftsteller
hier in die Fußstapfen jüdischer Apokalyptik: nach der Offenbarung des Johannes sollte das neue Jerusalem vom Himmel herabsteigen (Apk 21,1-5). Für den Autor des 4. Esrabuches, einem
Ende des ersten Jahrhunderts redigierten jüdischen Text, war
das eschatologische Moment zentral: Jerusalem werde in messia-
nischer Zeit durch Gott errichtet. Die syrische Baruch-Apoka-
lypse schwächt dieses Moment ab, indem sie auf den direkten
Zusammenhang zwischen Urzeit und Endzeit hinweist: Das
himmlische Jerusalem liegt seit der Schöpfung parat.

Im späten zweiten Jahrhundert vollendet Clemens von Alexandria die Umwandlung der Idealstadt. Er erinnert daran, daß
die Stoiker die Himmel als die wahre Stadt bezeichnet hatten[47].
Das logische Gegenstück zur himmlischen Stadt der Stoiker war
für ihn als Christen das himmlische Jerusalem, welches er „mein
Jerusalem" nennt[48]. Hier erreichen wir die Wurzeln der mysti-

---

[47] Clem. Al., strom. IV 26 § 172,2f. (GCS Clemens II 324,24-325,5
     Stählin/Früchtel/Treu). „Ich möchte aber darum beten, daß der Geist
     Christi mich beflügle hin nach meinem Jerusalem; denn auch die
     Stoiker nennen den Himmel den eigentlichen Staat (πόλις), das aber,
     was auf Erden ist, nicht mehr Staaten; denn eine vortreffliche Sache
     ist der Staat, und das Volk ein feines Gebilde und eine vom Gesetze
     geregelte Menschenmenge, wie die Kirche vom Logos, ein uneinn-
     nehmbarer, nicht zu unterjochender Staat auf Erden, ein göttlicher
     Wille auf Erden wie im Himmel. Abbilder (εἰκόνες) dieses Staates
     gründen auch die Dichter, wenn sie schreiben; denn die Staaten der
     Hyperboreer und der Arimaspier und die elysischen Gefilde sind
     Staaten von Gerechten; wir wissen aber, daß auch der Staat Platos als
     Urbild (παράδειγμα) im Himmel liegt." (zitiert nach: K.L. Schmidt,
     Jerusalem als Urbild und Abbild [wie Anm. 7], 239).
[48] Für eine Untersuchung von Clemens' Einstellung siehe K. Thraede,
     Art. Jerusalem II. Sinnbild (wie Anm. 8), bes. Sp. 729-731.

schen Bedeutung Jerusalems. Für Origenes, der Clemens' Vorstellungen über die *polis* folgt und entwickelt, kann Jerusalem,
dessen hebräischer Name „Sicht des Friedens" bedeutet, „die
Kirche", in tropologischem Sinn aber auch „die Seele" heißen[49].
Eine ähnliche allegorische Deutung finden wir im vierten Jahrhundert beim Origenisten Didymus dem Blinden. Auch nach
ihm kann Jerusalem auf dreierlei Weise verstanden werden: zugleich ist es die tugendhafte Seele, die Kirche und die himmlische
Stadt des lebendigen Gottes. Auf diese Metapher der *visio pacis*,
die sich wie ein roter Faden durch alle Jahrhunderte zieht, werden wir später zurückkommen[50]. Eine weitere wirkungsträchtige
Metapher, die direkt von Paulus stammt, muß hier freilich noch
Erwähnung finden: er nennt das himmlische Jerusalem, des Christen Mutter, *frei* (ἐλευθέρα, Gal 4,26). *Caelestis Hierusalem,
quae est mater libertatis, chorus libertatis*, dies ist ein Leitmotiv
der christlichen Literatur des Mittelalters[51].

Bekanntlich stammt die augustinische Typologie der zwei
Städte von Tyconius, dessen Kommentar zur Apokalypse sich
auf zwei *civitates*, Babylon versus Jerusalem, bezieht[52]. Es ist
unmöglich, hier auch nur einen kurzen Abriß von Augustins

---

[49] Orig., hom. in Jer. 9,2 zu Jer 11,2 (GCS Origenes III, 65,20f. Kloster-
mann/Nautin); com. in Ioh. X 28,174: ᾽Ιησοῦς τοίνυν ἐστὶν ὁ τοῦ θεοῦ
λόγος, ὅτις εἰσέρχεται εἰς τὴν ᾽Ιεροσόλυμα καλουμένην ψυχήν „Es ist
Jesus, Gottes Logos, welcher eintritt in die Seele, genannt Jerusalem"
(GCS Origenes IV, 201,22f. Preuschen). Siehe auch die dreifache
allegorische Interpretation von Jerusalem durch Didymus den Blinden in seinem Kommentar zu Sacharja (com. II 241 in Sach. 8,4f. [SC
84, 540 Doutreleau]). Dieser Text wird zitiert von H. de Lubac,
Exégèse médiévale. Les quatre sens de l'Écriture, Vol. I/2, Paris 1959,
645. Siehe auch Dom O. Rousseau, Quelques textes patristiques sur
la Jérusalem céleste, La vie spirituelle 85, Paris 1952, 378-388.
[50] Verweise zu mittelalterlichen Texten in de Lubac, Exégèse médiévale
(wie Anm. 49), 646.
[51] Siehe z.B. Godefroy von St. Victor, Glossa in Ex. 20,2, zitiert von de
Lubac, Exégèse médiévale (wie Anm. 49), 646.
[52] Siehe Thraede, Art. Jerusalem II. Sinnbild (wie Anm. 8), Sp. 752-754.

Vorstellung des geistigen Jerusalem zu geben, über das er nur widerwillig schweigen kann. *Quando de illa loquor, finire nolo*[53]. Nach ihm repräsentiert das himmlische Jerusalem die Kirche, Christi Braut, wohingegen Babylon für Macht und Politik steht. In *De civitate Dei* heißt die *civitas Dei* denn auch Jerusalem. Es ist überflüssig, die immense Wirkungsgeschichte dieser Typologie in den Vorstellungen des Mittelalters zu betonen[54].

Die vielleicht interessantesten Ausführungen Augustins über Jerusalem finden sich in den *Enarrationes in Psalmos*. Jerusalem wird zwar auch dem Sinai, wie im Galaterbrief, vornehmlich aber, wie in der Offenbarung des Johannes, Babylon gegenübergestellt. Während sich Babylon auf das jetzige Leben im Diesseits bezieht, spielt Jerusalem auf das zukünftige Leben an. Dann werden die Grenzen der Zeit überwunden und Gott wird ewig, *in saecula saeculorum*, gepriesen werden. Beispielsweise eröffnet Augustin seinen Kommentar zu Psalm 64,2 mit einem Hinweis auf die Etymologien von Babylon und Jerusalem[55]. Das eine heißt *confusio* (Hebr. *bilbul*) und das andere *visio pacis* (Hebr. *yir'e shalom*). Hauptproblem hinsichtlich der wechselseitigen Beziehungen ist ihre unentwirrbare Verquickung durch die Geschichte: *Permixtae sunt ... usque in finem saeculi*. Jerusalem steht für die Liebe zu Gott, Babylon hingegen für die Liebe zur Welt. *Duas istas civitates faciunt duo amores: Ierusalem facit amor Dei; Babyloniam facit amor saeculi.* Von daher stammt

---

[53] Aug., en. Ps. LXXXIV 10 (CChr.SL 39, Augustinus X/2, 1170,61f. Dekkers/Fraipont).

[54] Siehe J. van Oort, Jerusalem and Babylon: a Study of Augustine's City of God and the Sources of his Doctrine of the Two Cities, SVigChr 14, Leiden 1988. Zum Fortleben dieser Idee, vgl. É. Gilson, Métamorphoses de la Cité de Dieu, Louvain/Paris 1952.

[55] Ich zitiere nach M. Simonetti (Hg. und Übers.), Sant' Agostino, Commento ai Salmi, Fondazione Lorenzo Valla, Rom 1988, 182. Eine ähnliche Vorstellung vom himmlischen Jerusalem, das uns vom Chaos und der Sklaverei des irdischen Lebens erlöst, findet sich in Eusebius, d.e. IV (in finem).

das Kriterium für jeden, sein eigenes Wesen zu erkennen: Frage dich selbst, was du liebst, und du wirst erkennen, wohin du gehörst. Dieses Verständnis Jerusalems steht jeglicher Verortung der Stadt entgegen: Jerusalem ist überall, oder genauer, Jerusalem ist in den Herzen derer, die Gott lieben.

Eine ganz und gar spiritualisierte Deutung Jerusalems mit mehreren Bedeutungsstufen findet sich zuerst im fünften Jahrhundert bei Johannes Cassian. Nach ihm kann man Jerusalem auf die menschliche Seele beziehen: *Si Hierusalem aut Sion animam hominis uelimus accipere secundum illud: lauda Hierusalem dominum: lauda deum tuum Sion.* Jerusalem, fährt er fort, kann nach dem vierfachen Schriftsinn auf viererlei Weise verstanden werden: Historisch (*secundum historiam*) ist es die Stadt der Juden, das irdische Jerusalem. Allegorisch (*secundum allegoriam*) steht es für Kirche und Christus. Anagogisch (*secundum anagogem*) ist es „jene Gottesstadt, unser aller Mutter". Tropologisch verstanden schließlich (*secundum tropologiam*) ist Jerusalem identisch mit der menschlichen Seele. Demnach entfaltete sich Jerusalem zu einem höchst wichtigen Symbol[56]. Dieser Name enthält *in nuce* das gesamte Alte Testament, die Gottesstadt, das Mysterium der *Virgo singularis*, die vollständige Darstellung des christlichen Mysteriums[57].

Durch das Mittelalter hindurch tauchen die unterschiedlichen Bedeutungen Jerusalems bei verschiedenen Schriftstellern auf, angefangen von Beda Venerabilis und Hrabanus Maurus bis zu Nikolaus von Lyra, für welchen Jerusalem das Beispiel *par excellence* zur Erklärung des vierfachen Schriftsinns ist. Man

---

[56] Siehe Cassian., coll. 14,8 (SC 54, 190 Pichery). Vgl. E.A. Matter, The Voice of My Beloved. The Song of Songs in Western Medieval Christianity, Philadelphia 1990, 54.

[57] Eine ähnliche Gegenüberstellung vom freien Jerusalem, Mutter der Christen, und dem irdischen Jerusalem, Mutter der Juden, findet sich in Mar.-Vict., Com. Gal. II (BiTeu 55,13-19 Locher = CSEL 83, 154,1-18 Gori); zitiert bei Thraede, Art. Jerusalem II. Sinnbild (wie Anm. 8), Sp. 755.

muß jene Vorstellungen einer Spiritualisierung Jerusalems in der
Tradition des vierfachen Schriftsinns nach Cassian verstehen. So
z.B. bei Nikolaus von Lyra oder in Hugo von Fouilley's *De
claustro animae*, einem kompletten Traktat in 43 Kapiteln über
die vier Bedeutungen Jerusalems: historisch, ethisch, anagogisch
und mystisch[58].

Cassians *Collationes* gehören zu den einflußreichsten Büchern in den die mönchische Spiritualität prägenden Jahren.
Daher ist es kein Wunder, wenn Jerusalem in der mittelalterlichen Literatur zu einem der beliebtesten Symbole kontemplati-
ven Lebens wurde. Genauer, es scheint so, daß der Gebrauch
Jerusalems in mittelalterlicher christlicher geistlicher und mysti-
scher Literatur an der Schnittstelle zwischen zwei Traditionen
steht, der Cassians und der Augustins. Es ist genau die Verbindung zwischen diesen beiden Traditionen, die bewirkt, daß sich
Jerusalem als gängiges Symbol der Betrachtung der göttlichen
Glorie herausschält und weiterentwickelt, einer Betrachtung, die
von Engeln und jenen, die ein monastisches Leben führen, geteilt
wird.

Aber der bedeutendste Autor mittelalterlicher Spiritualisierung Jerusalems bleibt Bernhard von Clairvaux. Folgendes
Zitat sei als Beispiel für sein Verständnis von Jerusalem angeführt:

> So erkennst du, daß beide vom Himmel kommen, der Bräutigam
> Jesus und die Braut Jerusalem. ... Als nämlich jener heilige Emmanuel
> der Welt die Unterweisung in der himmlischen Lehre brachte, als
> gleichsam das sichtbare Bild jenes himmlischen Jerusalems, unserer
> Mutter, und der Glanz seiner Schönheit, ausgedrückt durch Christus
> und in Christus, uns offenbar wurden, was haben wir da anderes
> gesehen als im Bräutigam die Braut?[59]

---

[58] Hugo-Fol., Claustr. 4 (PL 87, 1131f.); Verweis in H. de Lubac,
      Exégèse médiévale I/2 (wie Anm. 49), 646. De Lubac weist darauf
      hin, daß die Unterscheidung zwischen dem zweiten und vierten Schrift-
      sinn in Hugos Text verwischt ist.

[59] Bern.-Clar., Serm. cant. cant. 27,7: *Habes itaque utrumque de caelo,
      et sponsum scilicet Iesum, et sponsam Ierusalem. ... Dum enim*

Nach Bernhard ist das Kloster selbst ein Trainingslager für das himmlische Jerusalem[60]. Er wollte die Kirche nach dem himmlischen Jerusalem formen[61]. In einem berühmten Brief von ca. 1129 an Alexander, Bischof von Lincoln, der zum *locus classicus* des neuen religiösen Bewußtseins geworden ist, setzt Bernhard mit vielen Worten Clairvaux und Jerusalem gleich:

> Wenn ihr es wissen wollt: Clairvaux ist es – Dieses selbst ist Jerusalem, dem himmlischen ganz verbunden durch Frömmigkeit der Seele, Nachfolge im Leben und besondere Verwandschaft des Geistes.[62]

Bernhard bezog sich auf Philip, einen englischen Mönch, der auf seinem Weg nach Jerusalem in Clairvaux Halt gemacht hatte. Bernhard überzeugte ihn, daß sein Kloster das neue und wahre

---

sanctus ille Emmanuel terris intulit magisterium disciplinae caelestis, dum supernae illius Ierusalem, quae est mater nostra, visibilis quaedam imago et species decoris eius, per ipsum nobis et in Christo expressa, innotuit, quid, nisi in sponso sponsam, perspeximus. (Sancti Bernardi Opera vol. 1, Rom 1957, 186, 12f.18-22; Übersetzung: J. Schwarzbauer, in: Bernhard v. Clairvaux, Sämtliche Werke lateinisch/deutsch, hg. v. G.B. Winkler, Bd. V, Innsbruck 1994, 421). Dieser Text wird von B. MacGinn, The Growth of Mysticism, New York 1994, 178f., diskutiert. Siehe auch Auffarth, Jerusalem (wie Anm. 13), 111f.

[60] MacGinn, The Growth of Mysticism (wie Anm. 59), 182.

[61] H.-W. Goetz, Bernard et Norbert [de Xanten]: eschatologie et réforme, in: Bernard de Clairvaux. Histoire, mentalités, spiritualités, éd. D. Bertrand, Paris 1992, (505-525) 514; vgl. auch die erweiterte deutsche Fassung unter dem Titel: Eschatologische Vorstellungen und Reformziele bei Bernhard von Clairvaux und Norbert von Xanten, in: C. Kasper/K. Schreiner (Hgg.), Zisterziensische Spiritualität. Theologische Grundlagen, funktionale Voraussetzungen und bildhafte Ausprägungen im Mittelalter, SMGBO. Ergbd. 34, St. Ottilien 1994, 153-169.

[62] Bern.-Clar., ep. 64: *Et, si vultis scire, Claravallis est. Ipsa est Ierusalem, ei quae in caelis est, tota mentis devotione, et conversationis imitatione, et cognatione quadam spiritus sociata.* (Sancti Bernardi Opera vol. 3, Rom 1963, 158,1-3). Übersetzung: B. Zanzerl, in: Bernhard v. Clairvaux, Sämtliche Werke lat./dt., hg.v. G.B. Winkler, Bd. II, Innsbruck 1992, 557.

Jerusalem wäre und daß er nicht auf seine anstrengende Reise gehen müsse[63]. Sein Verständnis einer spirituellen Wallfahrt führt er in der Schrift „Über Bekehrung" aus[64]. Das Kloster wurde nicht nur als παράδεισος, sondern auch als ein Neues Jerusalem vorgestellt, als die himmlische Stadt des Friedens wie schon in der Tradition der Kirchenväter. Nach Bernhard ist das Kloster von Clairvaux also ein vorweggenommenes Jerusalem. Der Mönch wohnt in Jerusalem: dieser Name bezieht sich auf diejenigen, die in dieser Welt ein religiöses Leben führen: Durch ein gesittetes, tugendhaftes Leben suchen jene die Lebensart des himmlischen Jerusalem nachzuahmen:

> Puto enim hoc loco prophetam Ierusalem nomine designasse illos, qui in hoc saeculo vitam ducunt religiosam, mores supernae illius Ierusalem conversatione honesta et ordinata pro viribus imitantes; et non veluti hi, qui de Babylone sunt. ... Mea autem, qui videor monachus et Ierosolymita, peccata certe occulta sunt ...[65]

---

[63] Vgl. die Besprechung dieses Texts *inter alia* bei H.-W. Goetz, Bernard et Norbert (wie Anm. 61), 518. Auch ein anderer Brief, besprochen von Goetz, beleuchtet seine Haltung, das geistige dem irdischen Jerusalem vorzuziehen. Im Jahre 1124 schrieb er an Gottfried, den Bischof von Chartres: „Ihr fragt mich über den Herrn Norbert, nämlich, ob er nach Jerusalem reisen werde. Ich weiß es nicht." (ep. 56: *Quod a me de domino Norberto sciscitamini, si videlicet iturus sit Ierosolymam, ego nescio.* [Sancti Bernardi Opera vol. 3, 148,5f.; Übersetzung: B. Zanzerl, in: Bernhard von Clairvaux, Sämtliche Werke lat./dt., hg.v. G.B. Winkler, Bd. II, Innsbruck 1992, 537]).

[64] *Ad clericos de conversione* / An die Kleriker über die Bekehrung, in: Bernhard von Clairvaux, Sämtliche Werke lat./dt., hg.v. G.B. Winkler, Bd. IV, Innsbruck 1993, 147-246.

[65] Bern.-Clar., Serm. cant. cant. 55,2 (Sancti Bernardi Opera vol. 2, Rom 1958, 112, 19-22.25f.); „Ich glaube nämlich, der Prophet bezeichnet an dieser Stelle mit Jerusalem jene, die in dieser Welt ein gottgeweihtes Leben führen und die Lebensweise jenes himmlischen Jerusalem durch einen ehrenwerten und geordneten Lebenswandel nach Kräften nachahmen. Sie gleichen nicht denen aus Babylon ... Meine Sünden jedoch, der ich dem Anschein nach ein Mönch und ein Bewohner von Jerusalem bin, sind gewiß verborgen ..." (Übersetzung: H. Brem, in: Bernhard

In der zweiten Hälfte des zwölften Jahrhunderts, vertritt die Schule von St. Victor eine ähnliche Vorstellung von Jerusalem. In seiner Auslegung des Gleichnisses vom Barmherzigen Samariter z.B. deutet Richard von St. Victor nicht nur den Samariter als Christus und den geplünderten und verprügelten Reisenden als den gefallenen Menschen – beides auf die Kirchenväter zurückgehende Interpretationen – sondern behauptet auch, daß Jerusalem, welches der Reisende verließ, für Kontemplation stehe, während Jericho das Elend des gefallenen Menschen symbolisiere. Der Abstieg von Jerusalem nach Jericho schließlich repräsentiere die Sünde[66].

Dom Jean Leclercq, der herausragende Fachmann für mittelalterliche monastische Spiritualität, veröffentlichte eine anonyme, wahrscheinlich im elften Jahrhundert durch einen Schüler Jean de Fécamps geschriebene Predigt[67]. Dieser in höchster Be-

---

von Clairvaux, Sämtliche Werke lat./dt., hg. v. G.B. Winkler, Bd. VI, Innsbruck 1995, 239). Vgl. z.B. J. Leclercq, The Love of Learning and the Desire for God. A Study of Monastic Culture, New York 1961, 54. Natürlich war dies keine neue Bewegung. Wie allgemein bekannt, begann die Opposition gegen Wallfahrten ins Heilige Land im vierten Jahrhundert, gleichzeitig mit der Entstehung der Wallfahrten selbst. Der *locus classicus* ist Gregorius von Nyssa, der selbst das Heilige Land aus Geschäftsgründen besuchte. In einem seiner Briefe (ep. 2) schreibt er, daß man ein geistiges Leben genauso gut in Kappadozien wie Palästina führen kann. Dieser Text wird im Kontext des patristischen Diskurses über Wallfahrt besprochen durch B. Biton-Ashkelony, Pilgrimage. Perceptions and Reactions in the Patristic and Monastic Literature of the 4th-6th cent., Hebräische Universität Jerusalem 1996 (Dissertation masch.). Eine englische Übersetzung dieser wichtigen Arbeit ist in Vorbereitung. Vgl. auch J. Ulrich, Wallfahrt und Wallfahrtskritik bei Gregor von Nyssa, ZAC 3, 1999, 87-96.

[66] Rich. S. Vict., Liber exceptionum 12,5, zitiert bei J. Châtillon, Art. Richard de Saint Victor, D.S. Bd. XIII, Paris 1988, (Sp. 593-654) 601. Siehe auch zu Hugo von St. Victor P. Dinzelbacher, Christliche Mystik im Abendland. Ihre Geschichte von den Anfängen bis zum Ende des Mittelalters, Paderborn u.a. 1994, 141.

[67] J. Leclercq, Une élévation sur les gloires de Jérusalem, RSR 40, 1951/1952, 326-334.

geisterung geschriebene Text macht breiten Gebrauch von Psalm-
zitaten und spiegelt offenbar weithin geteilte Bilder wider. Er
beginnt mit einem Lob des häufigen Gedenkens von Jerusalem
als spiritueller Übung hohen Wertes.

> *Ciuitatis et regis Hierusalem frequens recordatio dulcis est nobis*
> *consolatio, religiosae exercitationis grata occasio, onerosae sarcinae*
> *nostrae necessaria subleuatio.*

Ich möchte hier auf die direkte Verbindung zwischen der Repräsentation eines Ortes (selbst wenn es ein metaphorischer, ideeller
Ort ist) und einer religiösen Meditation, oder nach dem Text
hier, einer Übung aufmerksam machen. Ignatius von Loyola
sollte dies erkennen. In seinen *Spirituellen Übungen* betonte er
die Notwendigkeit, sich einen Ort zu vergegenwärtigen, um über
die Mysterien vom irdischen Leben Christi zu meditieren. Dieser
Zug der ignatianischen Spiritualität reflektiert eindeutig diese
mittelalterlichen Denkstrukturen, die sich besonders im Gefolge
der Kreuzzüge entwickelt haben.

Das Gegensatzpaar Jerusalem / Babylon blieb nicht auf lateinische und kirchliche Literatur beschränkt. Sein bedeutender
Einfluß auf die europäische Kultur wird durch sein Vorkommen
in der frühesten Schicht italienischer Literatur in Umgangssprache deutlich, der *duecento*. Diese Texte spiegeln joachimitischen
Einfluß wider. Giacomino von Verona z.B. schreibt in seinem
Werk *De Jerusalem celesti* auf Veronesisch:

> Ierusalem celeste   questa terra s'apella
> cità de l'alto Deu   nova, preclar e bella
> dond e Cristo segno ...
> ... contraria de quella   ke per nomo se clama,
> cità de gran pressura   Babilonia la magna
> un la qual Lucifer ...[68]

---

[68] G. Contini (ed.), Poeti del duecento, La letteratura italiana. Storia e
testi vol. 2, Bd. I, Milano/Neapel 1960, 625.

Im *Libro delle tre Scritture* des Dichters Bonsevin de la Riva, einem Vorläufer Dantes, wird Jerusalem auf ähnliche Weise wahrgenommen:

... quella città soprana	si è pur d'or lucente
Le plaze delectevre	le mure resplendante
... Oi De, splendor purissimo	in la città celesta ...
... Oi De, com pò godher	lo just in paradisò ...[69]

In einer Bewegung, die man als Pendeln in der *longue durée* beschreiben könnte, sollte das Bild eines goldenen Jerusalem sowohl Jahrhunderte als auch Kontinente (und religiöse Grenzen) überschreiten. Vom Lied „*Urbs beata Ierusalem, dicta pacis visio*", das im achten Jahrhundert als Teil einer Vesper geschrieben wurde, zieht sich eine direkte Linie bis zu den viktorianischen Hymnen über „Jerusalem the Golden" und von diesen zum hebräischen Lied Naomi Shemers, welches eines der zentralen Symbole und kulturellen Ausdrücke des israelischen Triumphalismus von 1967 werden sollte.

Bernhard von Clairvaux, Richard von St. Victor, Joachim von Fiore und Giacomino von Verona sind hier als Beispiele angeführt worden, Jerusalem als Symbol spirituellen Lebens zu verstehen. Durch das Mittelalter bis zur Moderne ist nach dieser Idee das himmlische Jerusalem das letzte Wallfahrtsziel auf dem Weg zur spirituellen Vision. Die gänzliche Umwandlung des Symbols, bis hin zum vollständigen Verschwinden jeglichen Bezugs auf das irdische Jerusalem, wird in spirituellen Schriften wie denen Bonaventuras im dreizehnten Jahrhundert erreicht. Er spricht vom Hl. Franziskus in seinem unstillbaren Durst nach Frieden als Bürger jenes himmlischen Jerusalem, das die Seele erreicht, sobald sie in sich selbst einkehrt[71]. Mit dem Anbruch

---

[69] G. Contini (ed.), Le opere volgari di Bonsevin de la Riva, Roma 1961, 154.
[70] Bonaventura, The Soul's Journey into God, transl. and introd. by E. Cousins, pref. by I. Brady, The classics of Western spirituality, New York 1978, 51.90.

der Moderne setzten die spanischen Mystiker diesen Gedanken
fort. Beispielsweise veröffentlichte 1535 Bernadino von Laredo
seinen „Aufstieg zum Zionsberg". Seine historische Bedeutung
gründet sich in Teresa von Avilas Vorliebe für das Werk. Hier
ist der Aufstieg zum Zion gänzlich metaphorisiert worden:

> So daß der Aufstieg zum Zion derselbe ist wie der Aufstieg nach
> Jerusalem ... Und dieses zeitliche Jerusalem bezeichnet uns die ewige
> und erhabene Stadt, für welche Gott uns geschaffen hat, und zu
> welcher wir nicht gelangen sollen, wenn wir nicht von der Selbster-
> kenntnis aufsteigen zu Nachfolgern Christi[71].

Die Botschaft wurde einer radikalen Spiritualisierung unterzo-
gen, man verlor das irdische Jerusalem aus den Augen, und die
Wallfahrt zur Heiligen Stadt an sich wurde zu einer bloßen
Seelenreise:

> Das Feuer des Herrn ist auf dem Zion, da kontemplative Seelen es in
> ihrem Leben besitzen und schließlich in Jerusalem vervollkommnet
> werden, da Seelen wie diejenigen, die hier zu lieben anfangen, in
> Liebe fortfahren und unablässig in der Liebe wachsen, während sie
> entlang der Straße dieses Exils fortschreiten, bis sie dann ... ins
> Jerusalem, das obere, geführt werden, worin jenes Feuer, das seinen
> Anfang in unserem Exil nahm, ununterbrochen brennt[72].

Im ausgehenden Mittelalter können wir die Entstehung von
einem neuen Glauben an eine extreme Art von Wallfahrt ausmachen. Diese kann als inwendig und relativ unverortbar beschrieben werden, eine Wallfahrt, die nicht im Raum vollbracht wird,
nicht einmal in einem zur Bequemlichkeit verkleinerten Raum
zuhaus, sondern mit der Seele selbst. Die traditionellen Bilder
des Heiligen Landes werden metaphorisch reinterpretiert, und
die irdischen Pilger werden zu einer Figur unserer Wanderung
zum spirituellen Jerusalem. Diese Idee findet sich beispielsweise

---

[71] E.A. Peers, The Ascent to Mount Sion, New York 1951, 66. Vgl. die
      Ausgabe der *Subida* von J.B. Gomis, Misticos Franciscanos Españoles,
      vol. 2, Madrid 1948.
[72] Peers, Ascent (wie Anm. 71), 70f.

in den Predigten von Bernadino von Siena, der wohl einflußreichsten spirituellen Größe Italiens in der ersten Hälfte des
fünfzehnten Jahrhunderts. Kurz vor Schluß der *Canterbury Ta-
les* von Chaucer findet sie sich in den Worten des Landpfarrers,
laut dem Canterbury für jedermann das Heilige Land sein muß,
da irdische Wallfahrten ja auch nur ein Abbild unserer spirituellen Wanderung nach Jerusalem seien[73].

Ich habe mich kurz mit zwei unterschiedlichen Phänomenen
auseinandergesetzt: dem imaginären Besuch der Stätten des Heiligen Landes in ihren jeweiligen Repliken und der Tradition
eines himmlischen Jerusalem bis hin zur Entwicklung von spirituellen Jerusalem-Wallfahrten im Spätmittelalter. Ich vertrete
den Standpunkt, daß diese beiden Phänomene wechselseitig
aufeinander bezogen sind. Unterschiedliche „spirituelle Wallfahrten", die bereits in der ersten Hälfte des fünfzehnten Jahrhunderts erschienen, waren als geistige Führer für jene gedacht,
die die Aufwendungen einer eigentlichen Wallfahrt nicht inve-
stieren konnten oder ihre Risiken nicht in Kauf nehmen wollten.
Christliche Spiritualität rollte gewissermaßen Themen wieder
auf, die sich schon in der monastischen Literatur und den späten
Kirchenvätern finden. Der Christ wurde neu als *homo viator*
definiert.

Derartige Gedankengänge stellen sozusagen eine Rückkehr
zu einigen Grundsätzen Augustins dar. Daher überrascht es nicht,
wenn im fünfzehnten Jahrhundert Nikolaus von Kues „diese
Themen spiritueller Erfahrung auf eine philosophisch-theologi-
sche Ebene bringen und eine mystische Synthese ausarbeiten"
konnte[74]. Nach ihm kann nicht nur der Mensch als *viator* begriffen werden, sondern es ist eher das ganze Leben der Kirche auf
Erden, welches als Wallfahrt in den Spuren Jesu Christi verstanden werden sollte.

---

[73] É. Delaruelle, Le pèlerinage intérieur au XVe siècle, in: ders., La piété
populaire au moyen-âge, Turin 1975, 555-561.
[74] Delaruelle, Le pèlerinage (wie Anm. 73), 558.

Vielleicht können wir die dialektische Evolution der Wall-
fahrtskonzeptionen auf folgende Weise verstehen: Zunächst
waren die Heiligen Stätten die Wiege für die Entstehung der
frühchristlichen Wallfahrt. Danach erlebten diese Heiligen Stätten einen Umzug in europäische Städte. Schließlich wurde die
Wallfahrt zu den lokalen Nachbauten der Heiligen Stätten in
eine spirituelle Wallfahrt umgeformt.

Apokalyptische Spiritualität erlaubt die Aktualisierung und
Belebung von Strömungen, die im traditionellen „main-stream"-
Christentum oft verschwiegen oder ausgeblendet werden. Joachim von Fiore, der große kalabrische Visionär aus dem zwölften Jahrhundert, soll seine Bekehrung zu innerem Leben gerade
in dem Augenblick erfahren haben, in dem er als junger Mann
eine Wallfahrt ins Heilige Land vollendete. In seinem *Liber
Figurarum* findet der Name Jerusalem starke Verwendung. Das
rätselhafteste Figurenpaar seines Buches ist unter Umständen die
Antithese von Jerusalem – Ecclesia und Babylon – Rom, wobei
zu bemerken ist, daß die Römische Kirche für Joachim stets
Jerusalem und nie Rom ist. Während Babylon das Reich des
Bösen ist, wird das himmlische Königreich Gottes durch Jerusalem symbolisiert. Das Thema der Bilder ist die Wallfahrt des
gläubigen Volkes zu Gott. „Die Söhne Jerusalems sind Pilger, die
sich inmitten Babylons befinden ..." Der *Liber Concordiae* beginnt mit dem Konzept der irdischen Wallfahrt und macht per-
manent starken Gebrauch von den Bildern einer Wallfahrt und
Reise[75]. Am Ende aller Zeiten wird es nach dem Reich Davids im
irdischen Jerusalem und dem Pontifikat Papst Silvesters in Rom
eine dritte Apotheose Jerusalems geben.

In seinem Ewigen Evangelium liefert Joachim eine detaillierte
Beschreibung Jerusalems wie im 21. Kapitel der Offenbarung. In
seinen verschiedenen Bestandteilen, wie z.B. den unterschiedli-

---

[75] Wie von M. Reeves und B. Hirsch-Reich in ihrer meisterlichen Studie
über dieses Thema unterstrichen wurde, The Figurae of Joachim of
Fiore, Oxford 1972, 184-191.

chen Edelsteinen, sieht er eine exakte Versinnbildlichung. Er besteht darauf, daß im himmlischen Jerusalem kein menschengefertigter Tempel stehe, da der Vater und der Sohn selbst der einzige Tempel des Geistes seien.

Im vierten Jahrhundert erinnerten Eusebius und Hieronymus an die traditionelle Etymologie von Jerusalem, Yerushalaim, welche auf eine Friedensvision – *visio pacis* in Hieronymus' Worten – zeige. Diese Interpretation wurde von Augustin und Isidor von Sevilla aufgegriffen[76]. Durch Vermittlung der beiden wurde diese traditionelle Etymologie vorherrschend in Texten des Mittelalters[77]. Die jüngste Wiedererscheinung einer Vorstellung des irdischen Jerusalem im Spätmittelalter und der Renaissance verdeutlicht eine neue Dimension der mystischen *visio pacis*. Aus einer rein spirituellen Vision wird es die eindrücklichste Metapher eines eschatologischen Traumes über einen Frieden auf Erden unter Kulturen und Religionen.

In seinem *De pace fidei* träumt Nikolaus von Kues von einem religiösen Konkordat, welches von weisen Christen, Juden und Muslimen im Himmel, d.h. dem einzigen Gebiet der Vernunft abgeschlossen wurde. Nachdem sie alle Vollmachten erhalten haben, treffen sie sich in Jerusalem, dem gemeinsamen religiösen Zentrum, um im Namen aller den einen Glauben zu empfangen, und begründen in ihm ewigen Frieden, „so daß in diesem Frieden der Schöpfer aller Dinge in alle *saecula* gerühmt werde, Amen"[78].

---

[76] Siehe oben. Augustinus arbeitet diese Etymologie des Namens „Jerusalem" in seine Theorie über Krieg und Frieden ein; siehe z.B. Aug., en. Ps. LXIV 4 (826,22 D./F.): *Vincet pax et finietur bellum.*

[77] Siehe z.B. Haimo von Auxerre: com. in Ies. II 31 (PL 116, 875 C): *Hierusalem, quae interpretatur visio pacis, coelestem patriam significat* (andere Auslegungen ebd. I 2 [730 A] und II 41 [922 C] sowie in ders., expos. in ep. ad Hebr. 12 [PL 117, 926 B]).

[78] Nikolaus von Kues, De pace fidei 19. Mit dem Anbruch der Moderne wurden derartige „interreligiöse Dialoge" (oder eher „*Poly*loge") häufiger.

Die Entstehung ethnologischer Neugierde vis-à-vis von Türken (d.h. Muslimen) und Juden, zusammen mit der durch Religionsstreit provozierten Besorgnis, regten ein Wiederaufleben utopischen Denkens an. Jerusalem stellte hier ein schon vorhandenes und allen verständliches Symbol dar. Tomaso Campanella, ein weiterer Visionär aus Kalabrien (dieses Mal ein Dominikaner), träumte Anfang des siebzehnten Jahrhunderts von einer neuen Methode der *recuperatio Terrae Sanctae*, dem höchsten Ausdruck der *renovatio saeculi*: „Die Kirche wurde in Jerusalem geboren und Jerusalem ist es, zu dem sie zurückkehren wird, nachdem sie die ganze Welt erobert haben wird". Die frühere Anwesenheit der Kreuzritter in Jerusalem wird von Campanella als Schritt hin zur Installation des messianischen Königreiches in jener Stadt gesehen: Jerusalem ist die Heilige Stadt, wo Juden, Christen und Muslime in Gemeinschaft vereint werden können[79].

Eine ähnliche Mischung von Mystik und Politik in Verbindung mit Jerusalem findet sich im Denken des Jesuiten Guillaume Postel aus dem sechzehnten Jahrhundert, einem Orientalisten, dem ersten Inhaber des Lehrstuhles für Hebräisch am Collège de France und einem der großen „illuminés" der Renaissance. Nach Postel ist Jerusalem die wahre Mutter des Universums, die *figura* des Dritten Tempels, eines Tempels, der der gesamten Erde dienen und die Neuschöpfung der Menschheit im endgültigen Königreich Jesu Christi und die Wiederherstellung aller Dinge, die den Stoikern und Origenes so teure *apokatastasis pantôn*, ermöglichen sollte.

> „Ceste unité unique, et du tout differente de toutes celles qui ont esté, ou sont, ou jamais seront au monde inferieur, est la personele Jerusalem, de laquelle David escript: Yerusalaim sehubeerah lah yiheddow, Jerusalem cujus associatio aut participatio pro ipsa fit una cum eo. Nos pieds sont establis en tes portes, o Jerusalem. Jerusalem qui es

---

[79] A. Dupront, Du sacré, Paris 1987, 301-303. Das bekannteste Beispiel für dieses Genre ist vielleicht Jean Bodins Heptaplomeres aus dem Jahre 1596.

edifiée comme une cité, mais non pas une cité, ains une personne, de laquelle l'accompaignement est pour elle avec un luy, qui en est le chef. Or est il du tout certein et necessaire qu'entre toutes et sur toutes les congregations, polices, estats ou eglises du monde, il y en aye une tele qu'elle sout du tout excellente et differente de tout aultre ... car oultre l'estre un corps mystique ou civil et politique, elle est personele et vive union come chascune aultre mere ou vierge ou femme du monde ... C'est donc la finale victoire d'une seule et unike colombe et espouse ..."[80]

Man könnte fortfahren, Postels gelehrte Abhandlungen über das messianische Jerusalem zu zitieren, für ihn eine politische wie spirituelle Entität. Seine Naivität und sein messianistischer Gedankengang spiegeln einen wiederkehrenden Trend der modernen religiösen Einstellung wider, der uns unglücklicherweise allzu bekannt ist. An dieser Stelle sind wir weit entfernt von einer anderen modernen Reinterpretation Jerusalems, Pico della Mirandolas *De dignitate hominis*, in der das himmlische Jerusalem Ziel eines spirituellen Höhenflugs ist, der durch das in Platons *Phaedrus* beschriebene sokratische Delirium ausgelöst wird, einem Flug, der den mystischen Philosophen weit von dieser durch Satan bestimmten Welt hinwegträgt[81].

Ich habe versucht, mich auf Jerusalemvorstellungen im mittelalterlichen Denken zu konzentrieren und einige Hauptzüge ihrer Entwicklung und Umformungsprozesse aufzuzeigen. Wie angedeutet, sind diese Prozesse in der Hinsicht dialektisch, daß sie sich wechselseitig anregen. Das himmlische oder spirituelle

---

[80] G. Postel, Le thrésor des prophéties du l'univers, herausgegeben von F. Secret, AIHI 27, La Haye 1969, 157-159. Zu Venedig als dem Neuen Jerusalem (und dem Neuen Rom) bei Guillaume Postel siehe M. Leathers Kuntz, The Myth of Venice in the Thought of Guillaume Postel, in: J. Hankins et al. (edd.), Supplementum Festivum: Studies in Honor of P.O. Kristeller, Binghamton, N.Y. 1987, (503-523) 512: „Esse vero Jerusalem translatam Venetias ab sacrorum inviolabilitate patet."

[81] Ich zitiere nach Pico de la Mirandola, Œuvres philosophiques, Paris 1993, 28f.

Jerusalem steht auf dem Boden der Wallfahrten und Kreuzzüge
zum Heiligen Land, wohingegen wiederum die Pilgerfahrten zur
irdischen Stadt das Entstehen von „Neuen Jerusalemen" in ganz
Europa heraufführen. Schließlich sind es diese *memoriae* Jerusalems, welche im „imaginaire médiéval" ein unaufhörliches
Wechselspiel zwischen irdischem und himmlischem Jerusalem
erlauben. Die Spiritualisierung Jerusalems und seine „Vervielfäl-
tigungen" sind zwei Seiten der christlichen Entwurzelung Jerusalems und spiegeln eine grundsätzliche Ambivalenz im Verhältnis der Christen zur Heiligen Stadt wider. In der religiösen
Geschichte Europas ist Jerusalem nicht länger „gen Fernen
Osten" angesiedelt wie für den palästinischen Märtyrer Pamphilus. Jerusalem ist sowohl im Himmel als auch in der Heimat.